THE NORMANS

诺曼风云

从蛮族到王族的三个世纪

[美] 拉尔斯·布朗沃思◎著

胡毓堃◎译

FROM RAIDERS TO KINGS

Lars Brownworth

中信出版集团 | 北京

图书在版编目（CIP）数据

诺曼风云：从蛮族到王族的三个世纪 /（美）拉尔斯·布朗沃思著；胡毓堃译．-- 北京：中信出版社，2016.12（2022.12 重印）

书名原文：The Normans: From Raiders to Kings

ISBN 978-7-5086-6968-7

Ⅰ．①诺… Ⅱ．①拉… ②胡… Ⅲ．①欧洲－中世纪史－通俗读物 Ⅳ．① K503.09

中国版本图书馆 CIP 数据核字 (2016) 第 268992 号

诺曼风云：从蛮族到王族的三个世纪

著　　者：[美] 拉尔斯 · 布朗沃思
译　　者：胡毓堃
出版发行：中信出版集团股份有限公司
（北京市朝阳区惠新东街甲 4 号富盛大厦 2 座　邮编　100029）
承 印 者：唐山楠萍印务有限公司

开　　本：880mm × 1230mm　1/32　　印　　张：7.5　　字　　数：159 千字
版　　次：2016 年 12 月第 1 版　　印　　次：2022 年 12 月第 23 次印刷
书　　号：ISBN 978-7-5086-6968-7
定　　价：38.00 元

服务热线：400-600-8099
投稿邮箱：author@citicpub.com

献给尼尔斯，

他的奇思妙想带给我灵感

目 录

地 图

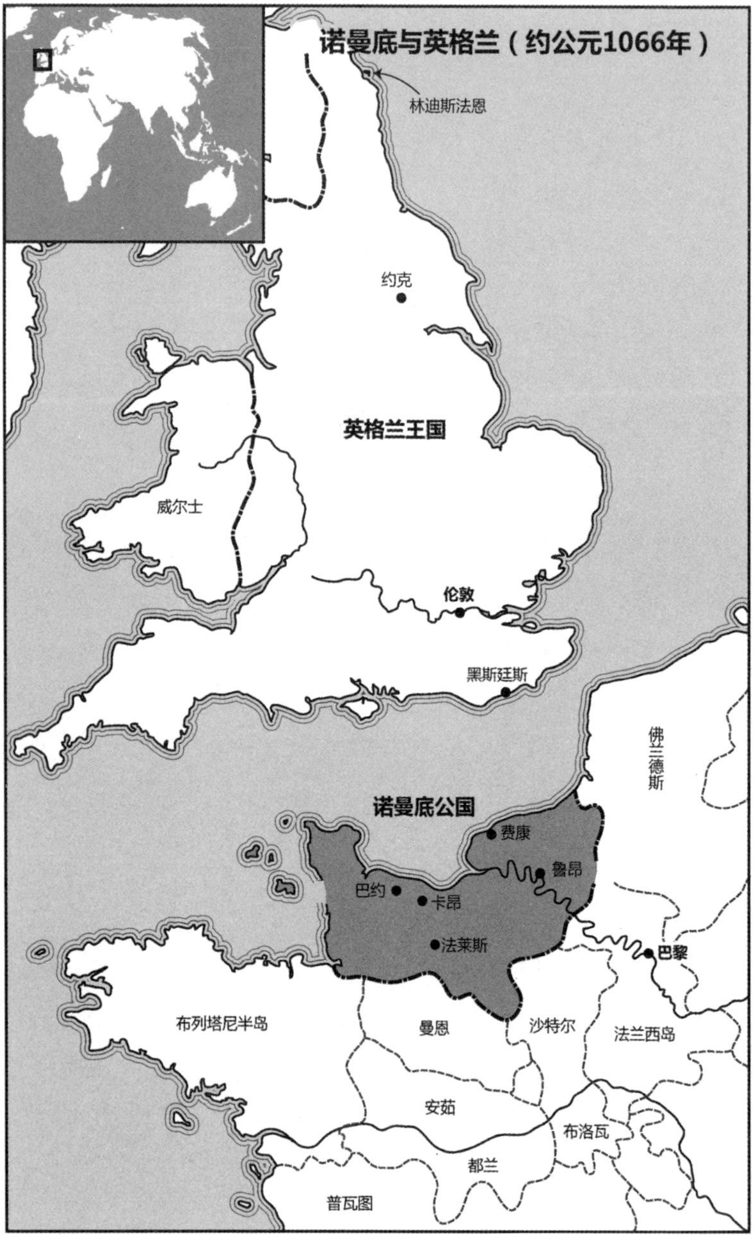
诺曼底与英格兰（约公元1066年）
林迪斯法恩
约克
英格兰王国
威尔士
伦敦
黑斯廷斯
佛兰德斯
诺曼底公国
费康
鲁昂
巴约
卡昂
法莱斯
巴黎
布列塔尼半岛
曼恩
沙特尔
法兰西岛
安茹
布洛瓦
都兰
普瓦图

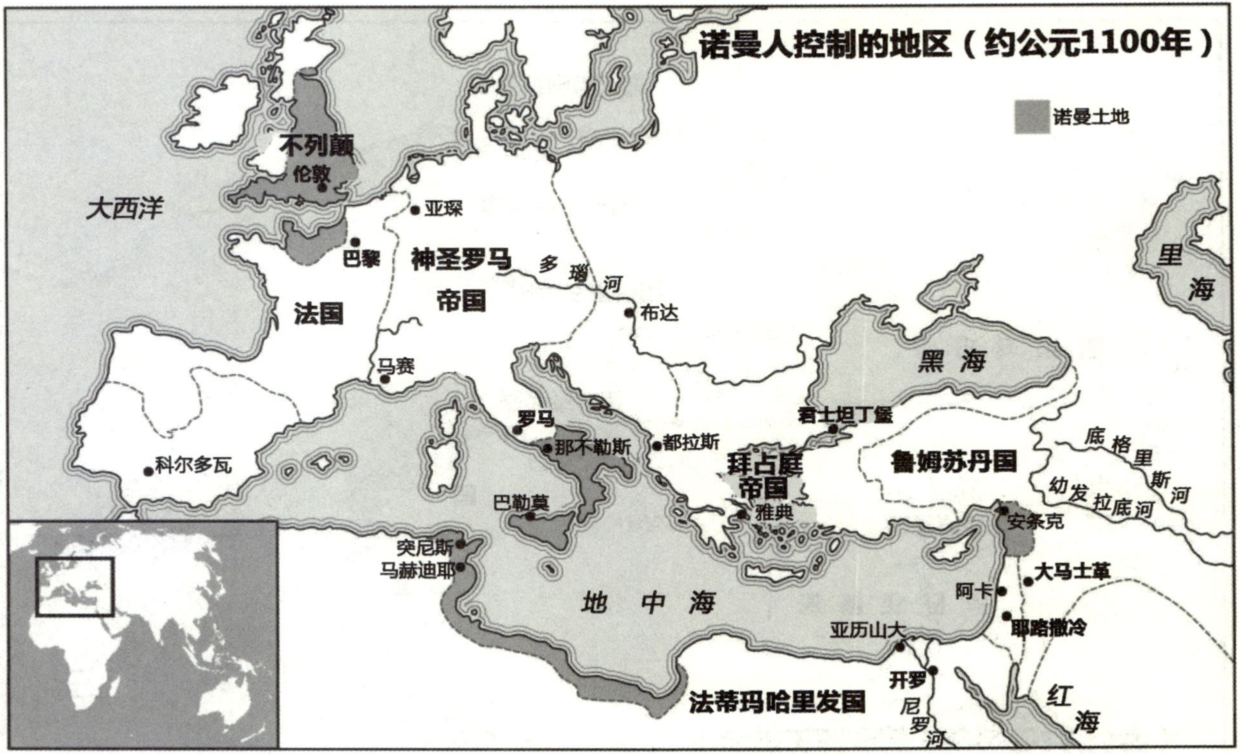
诺曼人控制的地区（约公元1100年）
诺曼土地
不列颠
伦敦
大西洋
亚琛
巴黎
神圣罗马
帝国
多瑙河
布达
法国
马赛
科尔多瓦
罗马
那不勒斯
都拉斯
君士坦丁堡
拜占庭
帝国
雅典
巴勒莫
突尼斯
马赫迪耶
地中海
黑海
里海
鲁姆苏丹国
底格里斯河
幼发拉底河
安条克
大马士革
阿卡
耶路撒冷
亚历山大
开罗
尼罗河
红海
法蒂玛哈里发国

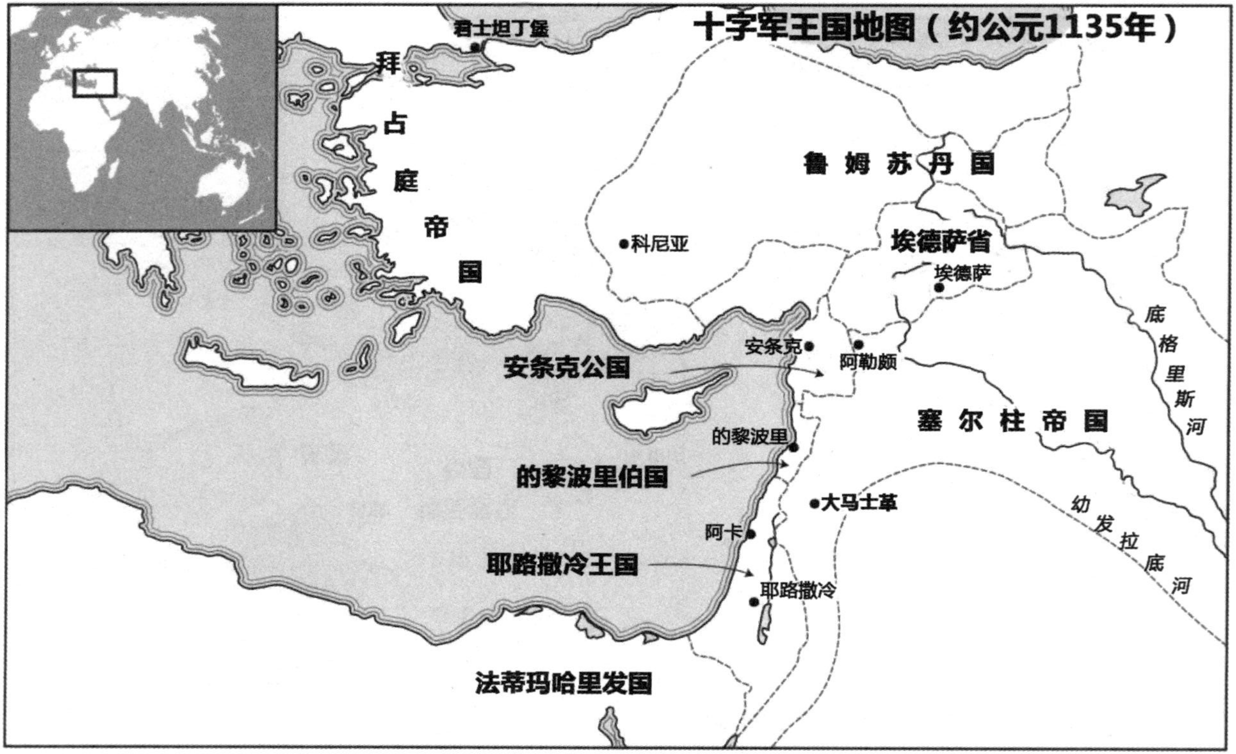
十字军王国地图（约公元1135年）
君士坦丁堡
拜占庭帝国
鲁姆苏丹国
科尼亚
埃德萨省
埃德萨
安条克
阿勒颇
安条克公国
塞尔柱帝国
底格里斯河
幼发拉底河
的黎波里
的黎波里伯国
大马士革
阿卡
耶路撒冷王国
耶路撒冷
法蒂玛哈里发国

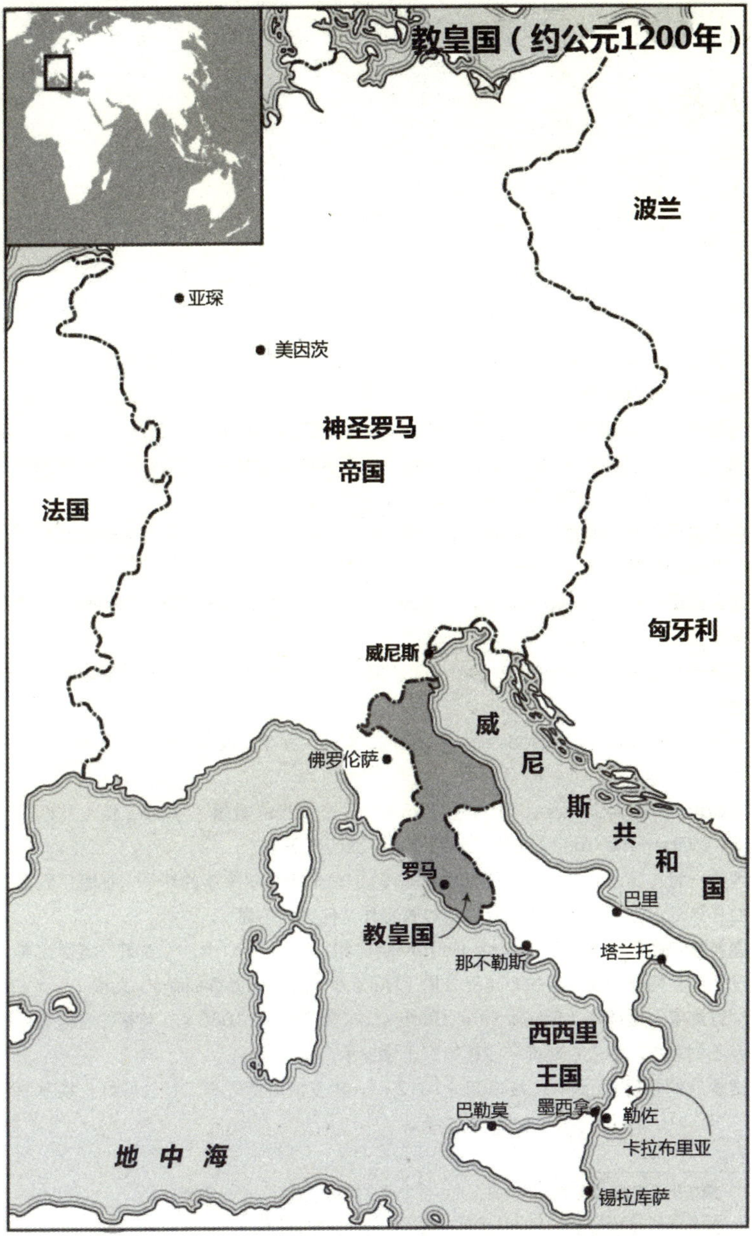
教皇国（约公元1200年）
波兰
亚琛
美因茨
神圣罗马
帝国
法国
匈牙利
威尼斯
威
尼
斯
共
和
国
佛罗伦萨
罗马
教皇国
巴里
那不勒斯
塔兰托
西西里
王国
巴勒莫
墨西拿
勒佐
卡拉布里亚
锡拉库萨
地 中 海

人名

阿德莱德（Adelaide，约1075—1118），罗杰一世第三任妻子，罗杰二世之母。1101年至1112年代子摄政。

阿历克塞·科穆宁（阿历克塞一世，Alexius Comneus，约1056—1118），第一次十字军东征时期的拜占庭帝国皇帝。他曾挫败罗伯特·吉斯卡尔和博希蒙德一世（Bohemond I）侵略帝国的企图。

克莱尔沃的圣伯纳德（Bernard of Clairvaux，1090—1153），熙笃会修道院长，12世纪早期的重要人物。

博希蒙德一世（Bohemond I，约1058—1111），罗伯特·吉斯卡尔的长子，建立了安条克公国。

"胖子"查理（Charles the Fat，839—888），法兰克国王。他允许维京人进驻诺曼底，以免遭其袭击。

克里斯托杜勒斯（Christodulus，死于1131年），罗杰二世治下西西里王国第一位海军上将。

康斯坦丝（Constance，1154—1198），罗杰二世的姐姐*；威廉二世（"好人"威廉，William the Good）去世后，她继承了西西里王国。

罗杰一世（Count Roger，约1031—1101），奥特维尔家族的幼子，征服了西西里，并在该岛巩固了诺曼人的统治。他也被称作"伟大的伯爵"。

奥特维尔的德罗戈（Drogo de Hauteville，约1010—1051），"铁臂"威廉之弟，继承了其兄阿普利亚和卡拉布里亚公爵（Duke of Apulia and Calabria）之位。

"忏悔者"爱德华（Edward the Confessor，约1003—1066）：英格兰盎格鲁－撒克逊王朝君主，他去世时尚未明确指定王位继承人。

诺曼底的爱玛（Emma，约985—1012）†，诺曼底公爵理查二世的妹妹，埃塞尔雷德

* 康斯坦丝实际上是罗杰二世的女儿，并非原文所说的姐姐。——译者注

† 诺曼底的爱玛实际于1052年去世，原文有误。——译者注

二世（“决策无方者”埃塞尔雷德*）的妻子，“忏悔者”爱德华的母亲。

“决策无方者”埃塞尔雷德（Ethelred the Unready，约968—1016），盎格鲁－撒克逊王朝君主，“忏悔者”爱德华的父亲，曾尝试通过收买维京人来阻止其袭击。

腓特烈一世（Frederick I Barbarossa，1122—1190），神圣罗马帝国皇帝，曾为征服西西里而入侵意大利。

腓特烈二世（Frederick II Barbarossa，1194—1250），神圣罗马帝国皇帝，西西里国王，耶路撒冷国王；亨利六世之子，罗杰二世之孙。绰号“世界奇迹”。

乔治·曼尼亚克斯（George Maniaces，死于1043年），拜占庭帝国将军，曾使用诺曼雇佣军，以图征服西西里。

安条克的乔治（George of Antioch，死于1151年或1152年），继承了克里斯托杜勒斯的上将职位，并帮助诺曼人在北非建立势力范围。

戈德温（威塞克斯伯爵）（Godwin, Earl of Wessex，1001—1053），“忏悔者”爱德华的顾问，托斯蒂格·戈德温森和哈罗德·戈德温森的父亲，权倾一时。

格里高利七世（Gregory VII，约1015—1085），改革派教皇，他承认罗伯特·吉斯卡尔的合法地位，从而换取其保护自己，抵御亨利四世。

哈拉尔三世（哈拉尔·哈德拉达）（Harald Hardrada，约1015—1066），维京人，挪威国王，1066年入侵英格兰，战死于斯坦福桥战役。

亨利四世（Henry IV，约1050—1106），神圣罗马帝国皇帝，他率军进攻罗马，与此同时罗伯特·吉斯卡尔正与拜占庭帝国作战，

亨利六世（Henry VI，1165—1197），神圣罗马帝国皇帝，康斯坦丝的丈夫，攻占了诺曼人的西西里王国。

巴里的马约（Maio of Bari，死于1160年），威廉一世即“恶人”威廉的宠臣，生前是西西里最有权势的人物，后遇刺身亡。

曼努埃尔一世（曼努埃尔·科穆宁）（Manuel Comnenus，1118—1080），12世纪拜占庭帝国最后一位强大的君主，生前与罗杰二世交锋。

马加里塔（Margaritus，1149—1197），威廉二世时期的西西里将军，绰号“新尼普顿”†。

利奥九世（Pope Leo IX，1002—1054），曾领导规模宏大的反诺曼人联盟，意图将诺曼人逐出意大利南部，在奇维泰拉战役（Battle of Civitate）中被罗伯特·吉斯卡

* 埃塞尔雷德二世的绰号“Unræd”原意为“bad counsel”，后被字面翻译为现代英语的“The Unready”，这是对古英语的曲解和错译。——译者注

† 尼普顿是罗马神话中的海神。——译者注

尔俘虏。

乌尔班二世（Pope Urban Ⅱ，约1042—1099），发起第一次十字军东征，收复耶路撒冷，使其重新成为基督教的领地。

雷蒙四世（图卢兹的雷蒙）（Raymond of Toulouse，约1041—1105），与博希蒙德一世争夺十字军东征领导权的主要对手。

理查一世（“无畏者”理查）（Richard the Fearless，933—996），威廉·朗索德（William Longsword）之子，第一代诺曼底公爵。

理查一世（“狮心王”理查）（Richard the Lionheart，1157—1199），英格兰国王，诺曼底公爵，曾在第三次十字军东征途中前往西西里。

理查二世（Richard Ⅱ，约962—1026），第二代诺曼底公爵，也被称作“好人”理查。

罗伯特·吉斯卡尔（Robert Guiscard，约1015—1085），德罗戈同父异母的弟弟，占领了意大利南部多数领土，被推举为阿普利亚和卡拉布里亚公爵。他也被称作“狡猾者”。

罗贝尔一世（“恶魔”罗贝尔）（Robert the Devil，约1009—1035），第三代诺曼底公爵，“征服者”威廉的父亲。

罗杰·博尔萨（Roger Borsa，约1060—1111），罗伯特·吉斯卡尔合法但无能的儿子，继承了其阿普利亚和卡拉布里亚公爵的头衔。

罗杰二世（1095—1154），西西里王国第一代诺曼国王，被后世尊为最伟大的统治者。

罗洛（Rollo，约860—931），维京海盗首领，创立了诺曼底公国。

奥特维尔的坦克雷德（Tancred de Hauteville，约980—1041），贫穷的诺曼骑士，缔造了奥特维尔家族。他育有“铁臂”威廉、德罗戈、罗伯特·吉斯卡尔和罗杰一世等十二个儿子。

加利利的坦克雷德（Tancred of Galilee，1075—1112），博希蒙德一世的侄子。博希蒙德不在时担任安条克的摄政者。

莱切的坦克雷德（Tancred of Lecce，死于1194年），西西里王国最后一位诺曼统治者；他在“好人”威廉去世后获取了王国的统治权。绰号“猴王”。

托斯蒂格（约1026—1066），哈罗德的弟弟；曾遭到流放，试图趁斯坦福桥战役之机逃离，却死于战场。

“铁臂”威廉（约1005—1046），奥特维尔家族的长子，被推举为阿普利亚和卡拉布里亚公爵。

威廉·朗索德（约900—942），罗洛之子，第二代诺曼底统治者。

“恶人”威廉（1131—1166），罗杰二世之子，第二代西西里国王。

“征服者”威廉（约1026—1087），“恶魔”罗贝尔的私生子，1066年征服了英格兰。

“好人”威廉（1155—1189），西西里王国第三代国王，也是奥特维尔家族最后一位西西里的合法统治者。

地名

亚琛（Aachen），神圣罗马帝国首都。

阿普利亚（Apulia），意大利南部地区，包括了意大利半岛的“脚踝”状的区域。罗伯特·吉斯卡尔时期成为诺曼王朝的权力中心。

拜占庭帝国（330—1453），古罗马帝国的东部地区。

卡拉布里亚（Calabria），意大利南部地区，位于意大利半岛的“脚趾”状地区。

君士坦丁堡（Constantinople），拜占庭帝国首都。

神圣罗马帝国（962—1806），中欧国家，自称是罗马帝国的再生。尽管名为“罗马”，但主要位于现德国地区。

诺曼西西里王国（Norman Kingdom of Sicily，1130—1194），罗杰二世建立的国家，包括意大利南部的西西里及北非一部分地区。

巴勒莫，诺曼西西里王国首都。

教皇国（Papal States），直接由教皇统治的罗马周边地区，经常与毗邻的诺曼西西里王国和神圣罗马帝国发生冲突。

安条克公国（1098—1268），位于安条克周边的十字军国家，由博希蒙德一世在第一次十字军东征期间建立。

其他

奇维泰拉战役（1053），诺曼人在此役中击败教皇利奥九世，迫使教皇承认奥特维尔家族对意大利南部的统治。

第一次十字军东征（1096—1099），由教皇乌尔班二世发起的战争，旨在从伊斯兰统治者手中夺回圣地。

第四次十字军东征（Fourth Crusade，1204），威尼斯人领军的东征，他们洗劫了君士坦丁堡。

《埃普特河畔圣克莱尔条约》（*Treaty of Saint-Clair-sur-Epte*），罗洛和查理三世（“糊涂王”查理）达成的协定，并据此建立了诺曼底公国。

瓦兰吉卫队（Varangian Guard），拜占庭帝国的精英部队，一般由挪威和盎格鲁－撒克逊战士所组成。

教皇国

公元5世纪，西罗马帝国灭亡，意大利半岛出现了权力真空。作为当时唯一的重要人物，教皇逐渐填补了这一真空，控制了罗马的政权。与此同时，法兰克国王丕平（Pepin）打败了伦巴第人，解除了其对罗马的威胁，并随后于公元756年正式承认了教皇对罗马的实际控制。丕平将自己刚夺取的罗马和拉韦纳（Ravenna）周边地区献给教皇，换取了国王的头衔。教皇直接统治的教皇国（也叫圣彼得国）应运而生，直至19世纪意大利统一，才从历史上消失。

中世纪时期，教皇国的领土边界和权力并不固定，几经变动。鼎盛时期，教皇国占据了现代意大利中部的拉齐奥（Lazio）、翁布里亚（Umbria）、马尔凯（Marche）、艾米利亚—罗马涅（Emilia-Romagna）的部分地区。教皇的军队守卫着这些领土。作战时他们一般由雇佣军指挥，有时也由教皇亲自指挥。这段历史的典型代表是文艺复兴时期的教皇尤利乌斯二世。他以瑞士雇佣兵为核心打造了一支卫队，频繁派兵征战，被称为“战神教皇”。

随着1871年意大利统一，教皇的世俗权力只限于梵蒂冈，然而即便如此其权力也受到质疑。1929 年，教皇与意大利政府达成协议，后者承认“梵蒂冈城”为一个独立国家。这个国家依然由瑞士卫队保护，他们是历史上世俗和宗教战争时期的教皇卫队遗留下来的力量。

罗马、神圣罗马帝国、拜占庭帝国

人们为了探明历史，往往会将其过于简单化。因此历史被划分为若干容易理解的部分，分别冠以不同的名称，彼此界线分明。无论多么实用，这样处理有时会产生误导。毫不起眼的日期被描述成历史转折点，不同时代所冠以的名称也并不为当时的人所承认。

如果受到国家或帝国自豪感的影响，相应的宣传往往更加混淆视听。中世纪时期两个对立的帝国都自称为真正的罗马帝国。事实上大多数时期两国都没有控制罗马，但它们都宣称自己继承了罗马的正统。

这一现象源于公元3世纪。当时罗马帝国皇帝戴克里先决定将原来的帝国一分为二。定都意大利的西罗马帝国于公元5世纪（公元476年）灭亡。东罗马帝国的统治延续至1453年，最终在土耳其的入侵和现代世界的枪炮中灭亡。

东罗马帝国的政治中心位于君士坦丁堡，即古老的希腊城市拜占庭（今伊斯坦布尔），因此现代历史学家称其为“拜占庭帝国”或“拜占庭”。拜占庭地处完全希腊化的东部地区，这也就意味着希腊语成为帝国的第一语言，所以拜占庭有时也被称为希腊帝国。但需要注意的是，拜占庭帝国时期，盟友和敌国都将其视为罗马人的国家，并没有将拜占庭和罗马帝国进行人为区分。

公元800年圣诞节，“拜占庭”帝国迎来了中世纪的对手。教皇利奥三世（Pope Leo Ⅲ）在罗马举行弥撒时（出于个人的政治目的）为法兰克国王查理曼加冕，称其为“罗马人的皇帝”，宣示西方帝国的重生。然而，这个帝国从未完全控制意大利，而是立足于今天的德国，横跨德、法两国。因此，为了简化这一系列复杂的历史事件，大多数历史学家将查理曼的加冕视为神圣罗马帝国或者德意志帝国的开端，然而如此界定已经过时。查理曼帝国很快分崩离析，他留给直系后代的权力逐渐削弱，罗马皇帝的头衔也随之消失。公元962年，德意志的奥托一世（Otto I，查理曼的远亲）恢复了这一头衔。1157年，他的继承人腓特烈一世正式在原有头衔之前加上“神圣”一词。

或许正如伏尔泰所说，这个讲德语的神圣罗马帝国既不“神圣”，也非“罗马”，亦称不上“帝国”（因为皇帝通过推选产生）。然而它足够强韧，长期存在。直至19世纪，拿破仑在启蒙运动的浪潮中消灭了帝国。

为便于区分明确，本书将东方的希腊语帝国称为“拜占庭”，将西方的德语帝国称为“德意志”。

奥特维尔家族

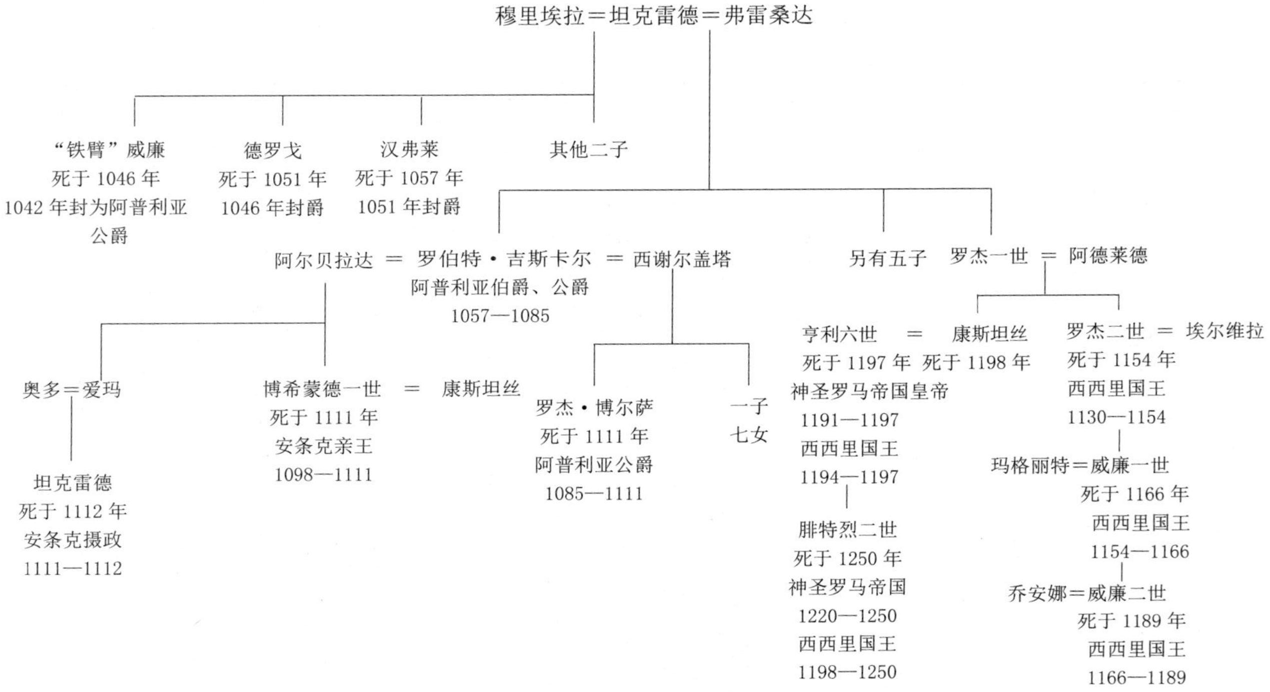

穆里埃拉＝坦克雷德＝弗雷桑达
“铁臂”威廉
死于 1046 年
1042 年封为阿普利亚
公爵
德罗戈
死于 1051 年
1046 年封爵
汉弗莱
死于 1057 年
1051 年封爵
其他二子
阿尔贝拉达 ＝ 罗伯特·吉斯卡尔 ＝ 西谢尔盖塔
阿普利亚伯爵、公爵
1057—1085
另有五子
罗杰一世 ＝ 阿德莱德
奥多＝爱玛
坦克雷德
死于 1112 年
安条克摄政
1111—1112
博希蒙德一世 ＝ 康斯坦丝
死于 1111 年
安条克亲王
1098—1111
罗杰·博尔萨
死于 1111 年
阿普利亚公爵
1085—1111
一子
七女
亨利六世 ＝ 康斯坦丝
死于 1197 年
神圣罗马帝国皇帝
1191—1197
西西里国王
1194—1197
死于 1198 年
腓特烈二世
死于 1250 年
神圣罗马帝国
1220—1250
西西里国王
1198—1250
罗杰二世 ＝ 埃尔维拉
死于 1154 年
西西里国王
1130—1154
玛格丽特＝威廉一世
死于 1166 年
西西里国王
1154—1166
乔安娜＝威廉二世
死于 1189 年
西西里国王
1166—1189

The House of Hauteville

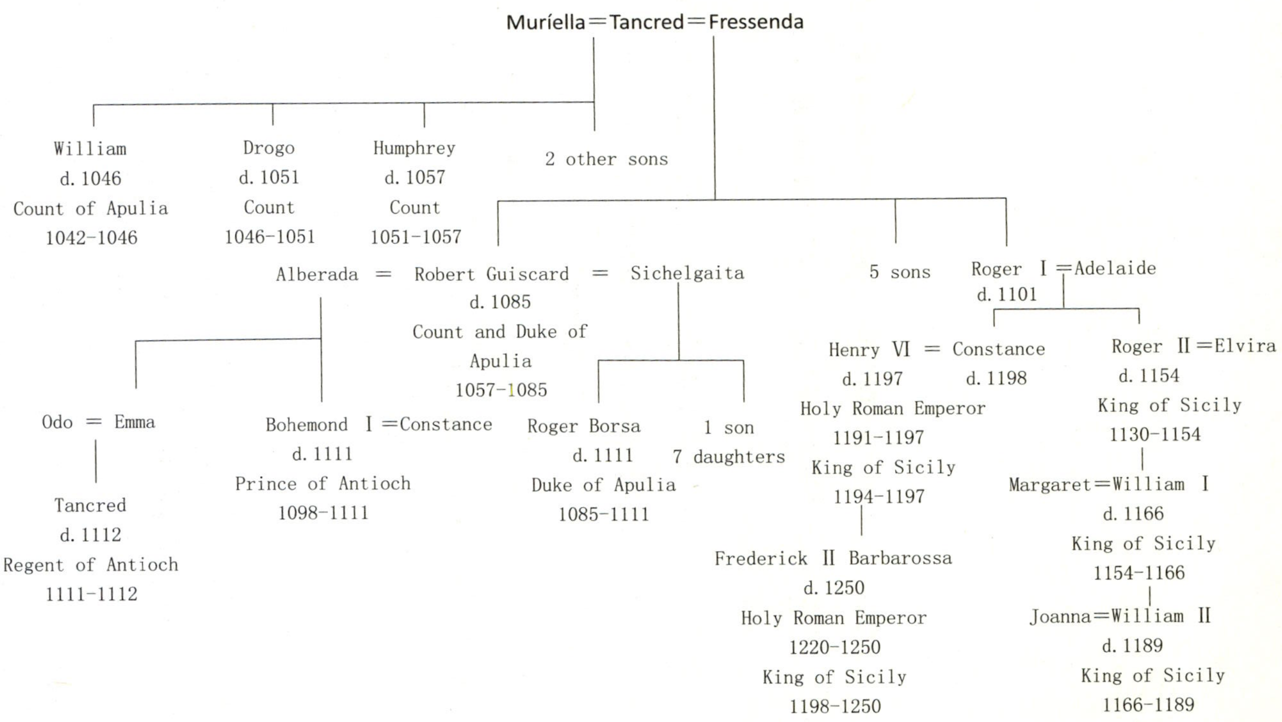

引言

笔者带着一个疑问产生了创作本书的想法：西欧原本军事、技术和社会发展均落后于相邻的中东地区，却又为何能迅速迎头赶上，并跃居全球领先的地位？

公元后第二个千年开始之初，任何赌徒都不会为西方国家下注。更为先进、不断扩张的伊斯兰帝国看似将继续统治世界，此外或许就是文明程度更高、重新兴起的拜占庭帝国*。欧洲国家却在侵略和疾病的重创下走向崩溃。然而，彼时维京人的后裔令西欧四分五裂的同时，也成为该地区未来崛起的推手。

11 世纪下半叶，诺曼人突然崛起，令人瞩目，在欧洲历史上也十分鲜见。仅经历一代人的努力，他们便从北海到北非海岸建立了一系列的王国，彻底改变了欧洲。他们处在旧秩序消亡的时代，其中一批有识之士似乎具备了无限的潜能。对于无畏者而言，没有高不可攀的野心，也没有不可能实现的梦想。他们构成了西方第一代伟大的开拓

* 东罗马帝国的现代称谓，经常简称为“拜占庭”，具体可参见“罗马、神圣罗马帝国、拜占庭帝国”。

者，给后世树立了强大的榜样：在10世纪的新世界，出身低贱绝不是成功的阻碍。

然而，准确地说，诺曼人是谁？尽管他们成就卓著，身份却模糊不清。他们定居法国，最著名的形象便出现在贝叶挂毯（Bayeux Tapestry）的图案中，但并非严格意义上的法国人。最著名的诺曼国王统治了英格兰，所以可以被轻易地称作英国人，但他们也可以被视为挪威人，甚至意大利人。诺曼人的历史地位也充满争议。罗宾汉的故事将他们塑造为反面的压迫者形象，同时也有人将其视为英格兰国家的缔造者，因为他们建立了现代法律体系，废除了奴隶制度。

形成这种困惑的原因之一在于诺曼人的完整历史并不广为人知。“征服者”威廉支配了诺曼人的身份。威廉是私生子，不与父亲一起生活。1066年，他登陆佩文西海岸（Pevensey Beach），征服了英格兰盎格鲁-撒克逊王国。

然而，诺曼人的另一次征服在某些方面甚至更加引人注目。就在威廉公爵发起侵略战争的六年前，一群诺曼人兄弟向南进军，建立了新的王国，其领土从意大利南部延伸到了突尼斯海岸，而他们的父亲不过是一位潦倒的诺曼骑士。他们继承了维京先辈永不满足的野心，主导了一个多世纪的商业扩张，将巴勒莫变成了地中海西部的经济文化之都。最重要的是，在基督教历史的关键时期，他们推动教皇的势力迅速增长，对欧洲认同的形成起到了关键作用。

对于出身低微的人而言，这是惊人的成就。奥特维尔的坦克雷德是鲜为人知的诺曼骑士，生活在法国北部地区。他没有什么能给自己的 12 个儿子，而他们也大都远离家园，前往南方寻找财富。初次抵达时，他们不过是卑微的雇佣兵，但很快便成为最壮志凌云的中世纪领袖。无论是在一场战役中杀死锡拉库萨埃米尔（Emir，伊斯兰国家地方长官的称谓）的“铁臂”威廉，还是俘虏教皇、几乎推翻拜占庭帝国的罗伯特·吉斯卡尔，坦克雷德的儿子们既有雄心，更有韧性。为了扩张领土，他们展开了长达四分之三个世纪的竞争，直至罗杰一世接收西西里撒拉逊人的无条件投降，接受拜占庭皇帝的服饰和风俗，这场竞争方才画上句号。奥特维尔家族的幼子去世时，他的家人们已经登上了巴勒莫、的黎波里、马耳他和安条克的王位，整个家族拥有欧洲最强大、最富裕的王国。

然而，奥特维尔家族的重要性不只在于这些富有传奇色彩的人物。他们属于诺曼历史的一部分，而诺曼历史则是更加恢宏的故事，展现了欧洲大陆的活力，昭示着这片大陆即将走上快速发展的道路。11 世纪初，欧洲大部分地区都是农耕社会，政治上四分五裂、各自防卫，经济也不发达。三个非欧洲国家——拜占庭帝国、西班牙哈里发帝国和开罗的法蒂玛王朝，统治了地中海地区。英格兰属于斯堪的纳维亚文化圈，罗马陷于教皇统治早期的腐败和政治斗争中，而基督教世界正遭到强大的伊斯兰世界的攻击。

诺曼人到来后，仅经历一代人的努力，便将欧洲大部分地区由多国相争变为文化统一、政治力量强大的地区。他们建立了盎格鲁－诺曼帝国，取代了过去拼凑起来的法国封地，领土从苏格兰延伸至比利牛斯山。他们发现意大利许多行省被伦巴第人、拜占庭人和撒拉逊人所控制，混乱不堪，于是便建立了统一的诺曼王国取而代之。拜占庭人被赶出意大利，撒拉逊人被迫离开西西里，教皇势力的复苏开启了西方世界对伊斯兰世界的攻击，引发了收复失地运动和十字军东征。

诺曼人的崛起，正值欧洲社会发生更加根本性的变化。从 11 世纪到 12 世纪，欧洲人口数量几乎翻倍增长。随着劳动力的增长，劳动分工进一步发展，行业协会纷纷成立，风车和船尾舵等技术创新发明先后问世。城镇的发展孕育了社群，催生了中世纪最早的民主试验。汉萨同盟（Hanseatic League）等贸易组织加强了西方与拜占庭和伊斯兰世界的联系，一定程度上再次向希腊学界介绍了欧洲，促进了医学和科学的发展。新式的哥特建筑从法国走向欧洲大陆其他地区，随后这些诺曼式修道院中孕育的改革运动促进了学术的复兴，因其影响之广，被后世称为 12 世纪的文艺复兴。地方文学先后涌现，拉丁诗篇和罗马法律重新焕发光彩，欧洲第一批大学纷纷成立。诺曼人给意大利半岛带来的稳定，为改革派教皇格里高利七世创造了良好的条件，使他的基督教社会理念得以走出意大利，广泛传播，而统一欧洲的概念也随之产生。

奥特维尔家族参与了每一场运动，并推动运动的发展，引发了重要的历史事件，开启了欧洲崛起、支配世界舞台的历程。尽管取得了如此辉煌的成就，南方的诺曼人依旧不为多数人所知，和北方诺曼人相比显得黯然失色。绝大多数人对诺曼人的认知仅限于黑斯廷斯战役，然而奥特维尔家族在欧洲发展中的主要作用却鲜为人知。

这有些令人惊讶，因为奥特维尔兄弟是诺曼人的杰出典范：他们与生俱来的适应能力改变了欧洲。他们见识不凡，认识到当地传统比诺曼人传统更加重要，并将不同的文化和法律合为一体。或许因为他们自己就是聚居融合而形成的族群，诺曼人在他们居住的每一处都体现出这种实用主义的特征。

第一代诺曼人是斯堪的纳维亚的维京人，他们在数量上远逊于法国人，但很快学会了统治但不冷落当地人民。奥特维尔家族统治西西里时更加完美地运用了这一技能。他们原封不动地继承了伊斯兰和拜占庭的管理体系，将其与法国人的高效相结合，为西西里创造了罗马帝国之后又一个繁荣时代。他们由雇佣军转变为南方的君主，用战争换来了贸易和商业活动。第一次十字军东征时期，基督教世界内部分化，并与伊斯兰世界交战，在奥特维尔的罗杰的率领下，撒拉逊步兵、希腊将军和诺曼骑兵组成的军队保护了西西里王国。他的成功为奥特维尔家族统治西西里提供了典范。融合了诺曼、伊斯兰和拜占庭建筑风格的切法卢大教堂和蒙雷阿莱大教堂，至今仍证明了他的成功。

我们需要正视并记住这段历史在欧洲发展历史中的地位。与征服英格兰的诺曼人不同，奥特维尔家族并没有公国的支持和资源。他们进程缓慢——历经30年大大小小的战争方才征服西西里——面对着可怕的阻碍。但他们的决心最终获得了回报，事实证明，他们取得了持久的成功。他们的野心、贪婪和胆量常常令人厌恶，但从未消逝。他们在最不可能的地方——地中海的中心地带——搭建了连接东方和西方、基督教和伊斯兰教的桥梁，成为中世纪不可比拟的强大统治者，其强大的统治力至今依然鲜见。西方走出中世纪早期的动荡，变成全球重要地区，并率先开始创造现代世界，他们在其中起到了关键作用。这就是他们的故事。

序言

维京时代

Prologue

The Viking Age

“哦，上帝，保佑我们和我们的财富，不要让野蛮的北方人破坏我们国家。”

——圣瓦斯特或圣梅达尔的轮唱赞美诗

公元 793 年的一天，林迪斯法恩修道院的僧侣正在做晚间冥想，却被一幅令人惊讶的画面打断。夜空中出现一群凶狠的火龙，在这岛上的修道院上空盘旋，然后消失在黑夜中。随即闪电轰鸣，呈弧形出现在修道院的房顶，神秘的火焰映衬出整栋建筑。几周之后，这群龙再次降临，只是它们被刻在船首跟随一批船只而来。船上岸后，大批野蛮人倾巢而出，他们手持利剑，上面刻着奇怪的如尼文。僧侣们逃脱不及，无论老弱，无一幸免，修道院亦遭到摧毁。他们抢走金银器具，从墙幔上扯下珍贵的礼服，为了寻找珍宝甚至将盛放遗骸的骨罐砸碎。这群侵略者将修道院洗劫一空，将战利品全部装船，迅速离开，正如来时一样。此时修道院一片狼藉，尸横遍野——正如一位教士后来所记载——就像街上粪便满地。

然而，这不过是对暴风雨的一次领略而已。之后两个世纪，维京人在北欧地区发起数次猛攻，将各个王国冲击得七零八落，将海岸城市变成一片废墟。来自斯堪的纳维亚的异族勇士秉性完全不同，这令他们发动的野蛮袭击更加可怕。他们不同于大多数西欧人，没有接受基督教化；他们眼中的教堂绝非避难所，因而毫不留情。他们所崇拜的神是狂暴、可怕的独眼神奥丁，并因此而激发了狂暴的秉性。这些外观庞大笨重的勇士似乎感觉不到疼痛，没有武器就用牙齿和指甲继续进攻。他们身披狼皮或者熊皮，看起来就像来自寒冷北方的灾难，令人厌恶。

但这些狡猾的勇士绝不只是野蛮，他们也体现出不凡的干练。他们凭借自己的聪明才智创新了造船技术，不再需要龙骨，因此可以在最浅的河流中航行。这样的机动性才是他们最致命的地方。长期被视为可免遭海盗攻击的内陆城市，因此也落入他们的攻击范围内。

看起来没有什么能阻止他们环游四方的意愿。这些维京冒险家一路向西航行，进入冰岛、格陵兰，最终来到如今举世公认的新大陆。他们在爱尔兰建立了都柏林，从阿拉伯人、西班牙人手中夺去了塞维利亚，并进军非洲，袭击了摩洛哥海岸。他们航行至意大利海岸，将发现的最大城市洗劫一空，回到斯堪的纳维亚后便吹嘘自己征服了罗马。事实上他们占领的是意大利大理石贸易中心——卢纳（Luna），但这不是重点。所有城市都无法幸免。

英格兰盎格鲁-撒克逊王国是第一批受到冲击的国家。维京人迅速占领了约克和伦敦，杀死了至少两位英格兰国王，向奥丁献祭。另一批维京人向东航行，找到了通往黑海之路，并以罕见的胆量尝试进攻强大的君士坦丁堡。这些维京人被拜占庭人称作“罗斯人”（Rus），他们在斯拉夫人聚居的东北欧地区开拓定居，并将这个地区命名为“俄罗斯”。

现在的法国北部地区是当年维京人主要的目标。对于热衷劫掠的诺曼人来说，没有比法兰克王国更诱人的目标了。

到了公元800年，西方世界重建罗马帝国的梦想似乎已经成真。法兰克国王查理曼统一了法国、德意志、瑞士和意大利北部地区，建立了新的罗马帝国，并被教皇加冕，成为皇帝。法兰克王国贸易繁荣，学术复兴，国库累积了大量财富。查理曼在首都亚琛修建了豪华的宫殿，其中一座宫殿专门用来存放他琳琅满目的物品，放眼望去仿佛有黄金滴坠下来。他甚至不严肃地考虑了迎娶拜占庭女皇，从而与原罗马帝国联合的想法。查理曼于公元814年去世，彼时“罗马和平”（Pax Romana）似乎将再次出现在横跨地中海的法兰克王国。

遗憾的是，对法兰克人而言，查理曼的继承人无一可以与他相提并论，通过沮丧的法兰克人给他们起的绰号，就能明显看出这一残酷的事实。查理曼的长子路易一世绰号“虔诚者”路易（Louis the Pious），这已经是最好的，后来者便越发糟糕。路易一世去世后，“秃头”查理（Charles the Bald）、“口吃者”路易（Louis the

Stammerer)、“胖子”查理、“瞎子”路易（Louis the Blind）纷纷登上历史舞台。

查理曼去世后，法兰克的统治者软弱无能，国家在绝望中走向分裂。法兰克既富饶又虚弱的特点十分致命，也迅速吸引了掠夺成性的维京人。到了9世纪末，法兰克频繁遭受攻击，许多海岸城镇被迫废弃，甚至连巴黎都曾短暂沦陷。无助的法兰克国王们无力阻止维京人的步伐，只能依靠贿赂侵略者，请他们撤离。这一政策带来了灾难性的后果，国库面临枯竭，而维京人更加确信法兰克人确实软弱可欺。公元880年，法兰克遭遇最大的耻辱，查理曼的旧都亚琛沦陷，市民被迫目睹豪华的宫廷教堂成为维京人的马厩。面对如此危机，法兰克国王向维京人支付了大量金银（他对大多数敌人都是如此），而如今富可敌国的维京人则费力地带着所有的战利品缓慢撤离。

这场胜利标志着维京人的策略做出了微调。如今他们的理念由掠夺转为定居，而北海岸则是尤为诱人的目标。法兰克军队根本不足为惧。维京人甚至可以围攻主要城市而不受任何实质惩罚。困难在于选择一个合适的定居点。维京人属于海洋——通常被遭其攻击的人称为“海狼”——因此任何永久定居点都不能远离海水。巴黎和亚琛或许是富饶的目的地，但它们远离海岸，无法建立合适的基地。讽刺的是，一次失利而非胜利，反倒给维京人提供了一个理想之地。

第一章

诺曼人的领地

Chapter 1

The Northman's Duchy

进入公元 885 年，法国圣瓦斯特编年史的开篇语句令人不寒而栗："北方人将怒火撒向这片土地。"如此评论实在太准确了。随着冬雪的融化，维京人用一系列疯狂的袭击持续冲击着法国海岸，其凶残猛烈的程度实属半个世纪之最。如此不同寻常的一年特别令人沮丧，因为法国人原以为他们的实力强于这些袭击者。四年前双方曾经交战，法国人在这场惨烈的战斗中消灭了约 8000 名维京人。数年来外部威胁已经减弱，但到了 885 年，维京人发起了全面入侵。

一般来说，维京人的进攻部队人数不多。他们擅长打完就跑的流动作战策略，而小规模也最大程度上确保了部队的流动性。然而，那年 11 月，出于对坐落在岛屿上的城市的恐惧，超过 3 万名*维京战士

* 这个数字来自唯一的目击者阿博·森纳斯（Abbo Cennus）。大多数现代历史学家都认为这个数字被夸大了，实际上人数应该在 1 万到 1.5 万之间。但无论如何，这是欧洲大陆上发生的规模最大的维京人入侵。

对巴黎发动了突袭。

维京人的组织从一开始就具有流动性。据说，一位巴黎使者前往谈判时竟然找不到相应的负责人。他要求面见首领，但维京人被这番话逗笑了，并对他说："我们都是首领。"维京人有一位实践中的领袖——大家都称他为西格弗雷德（Sigfred）——但没有人是法国人所承认的"国王"。与其说他们是一支军队，倒不如说他们是松散的战斗部队，只是为了掠夺这一共同愿望而联合。

维京人希望攻其不备，但经过数天的激烈战斗他们仍无法突破巴黎人的防线。结果，维京人围攻一年终究未果，但全欧洲第一次见识了一位传奇人物。他的后代统治着欧洲大陆的两端，他的远亲仍坐在英国的王位上。他就是后世所熟知的罗洛（挪威语"Hrolf"的拉丁化称呼），一位可能有挪威血统*的少数族群领袖。传说他体格庞大，那些可怜的维京马根本不堪其负。†因此他只能步行，从而获得了"行者"罗洛（Hrolf Granger）这个绰号。

与所有维京人一样，罗洛同样被财富的切实诱惑所吸引，参与了这场围攻。40年前维京人的传奇英雄朗纳尔·洛德布罗克（Ragnar Lodbrok）凭借更少的人马便洗劫了巴黎，带着将近6000磅金银——

* 罗洛的祖先是一个富有争议的问题，一些人认为他的祖先来自丹麦，而另一些人认为应该是来自挪威。关于罗洛的最早的资料称他是一名丹麦人，但是这些资料将所有的维京人都称为"丹麦人"，而2世纪的北欧萨迦认为他是一名挪威人。诺曼人自身就这个问题也存在分歧。中世纪的资料在区分维京人的不同分支时通常都认为他的祖先是挪威人，因此本书作者也倾向于认同他是挪威人的后裔。

† 维京人通常是徒步行军，马一般只是被用来运送辎重，或者在少数路途遥远的情况下也供骑行。所以一般维京马要比欧洲常见的马匹体形小一些。

都由惊恐的法王所赠——满载而归。毫无疑问，参与围攻的维京人从小就听着朗纳尔的英雄事迹长大，也许还有一两个参加了当年那次征战的老兵。这是他们复制朗纳尔英勇事迹的机会。

如果说罗洛在巴黎一战成名，那么这要归功于他的决心。当维京人明显意识到战争初期不可能速胜时，许多人开始将矛头转向更加容易攻克的目标。到了第二年 3 月，维京人士气低落，西格弗雷德这位名义上的领袖降低了价码，只要求对手赠予 60 磅白银——与朗纳尔的 6000 磅相差甚远——便停止围攻。然而，巴黎人听到传言称法兰克皇帝“胖子”查理正带着援军前来支援，抵抗的意志得以加强，因此拒绝了维京人的要求。西格弗雷德又坚持了一个月后最终放弃进攻，只剩下罗洛和一些次要领袖仍在坚持。

法兰克军队于 10 月抵达时，围攻已经进行了 11 个月。他们驱散了维京人的剩余力量。罗洛的部队被包围在巴黎以北的蒙马特尔（Montmartre），但“胖子”查理决定不再进攻，而是与其谈判。因为勃艮第省发生了叛乱，而查理远非一个成功的军事指挥者，所以他与罗洛达成了一项约白银 600 磅的交易，派后者去掠夺反抗查理的领主。

这一协议符合双方的意愿，但对罗洛而言，征服巴黎的梦想实在难以抗拒。公元 911 年夏天，他再度杀回，对巴黎发起猛烈的进攻。他的大军曾在这里遭遇失利，这一次他希望用规模更小的部队获取胜利。不出所料，巴黎的确难以攻占，因此罗洛决定换个地方试试运气，进攻沙特尔这个更合理的目标。

法兰克军队收到了危险警告，随即出征，与维京人在战场对峙。

双方展开了惨烈的战斗，就在维京人即将胜利之际，城门突然打开，沙特尔主教怒吼着走出来，一手拿着十字架，一手拿着纪念物，全城居民紧随他身后如潮水涌出。这突如其来的一幕扭转了战局。到了傍晚，罗洛被困在城北的山上。筋疲力尽的法兰克人决定第二天清晨结束战斗并撤退，但这个狡猾的维京人远没有失败。午夜时分，罗洛派出精锐部队进入法兰克人的大本营，吹响号角，造成进攻的假象。法兰克人在恐慌中惊醒，有的人手忙脚乱地抢夺佩剑，其他人四处逃散。维京人趁乱离开。

到了黎明时分，法兰克人恢复了勇气，迅速追击维京人，以免其登上船只撤离。但这一次罗洛又早有准备。他屠宰了自己找到的所有牛马，用它们的尸体筑成高墙。法国人抵达时，尸体散发的血腥味令他们的坐骑躁动不安，拒绝继续前进。双方陷入僵局，此时这位法兰克国王*“糊涂王”查理三世（Charles the Simple）给罗洛开出了惊人的条件。他将鲁昂及其周边土地赠予罗洛，以换取后者承诺改信基督教并停止袭击法兰克领土。

这一提议激怒了法兰克人，但双方都大有理由同意它。收买维京人的政策事实上已令法兰克帝国破产。120多磅白银进入维京人的口袋，大约相当于三分之一的法国流通硬币。此后国家已经没有更多金银用以铸币，人民也越发不愿将自己的财富交给皇家征税官。对查理而言，更糟糕的在于个人权威也随着维京人的多次袭击而一落千丈。

---

* 查理曼的帝国已经四分五裂，而没有一位获得认可的“皇帝”。查理只是被加冕为西法兰克王国，也就是曾经的帝国中说法语的土地上的“国王”。

迟缓的皇家军队不可能应对维京人打完就跑的流动作战策略。越来越多的臣民更加信赖地方领主，而不是遥远、反应迟钝的中央政府，因为地方领主才能提供直接的保护。如今皇室的权威已经崩溃，封建公爵掌握了实权。如果查理允许另一次围攻巴黎的情况发生，他自己也会失去王位。然而，有一个办法有望解决所有难题。让维京人自己停止进攻，岂不是比外人阻止他们更好？获得土地的维京人被迫要阻止其他维京人前来洗劫。罗洛将要面对保卫海岸这个头疼的问题，而查理则可以关注其他事务。

对罗洛而言，他也希望接受这桩交易。他和大多数维京人一样，可能从 15 岁左右开始就过着漂洋过海的生活，如今可能年届 50 的他也准备安定下来。当地的抵抗势力越发强大，他也几乎得不到更多的战利品了。数十年的持续征战使海岸地区遭到废弃，深入内陆则要冒着离开战船的风险。现在正是奖赏部下的时机，他将宝贵的土地赠予部下，并在此过程中获得他们的尊敬。罗洛迅速抓住了机会。

后人所知的《埃普特河畔圣克莱尔条约》创造了诺曼人的领土。两位主人公在一次会议中正式同意了这个条约，由此缔造了诺曼底公国，或简称诺曼底。罗洛这个“维京军阀”同意和整个军队一起受洗，并按照礼仪向查理国王行礼。遗憾的是，他们在行后一部分礼时明显有失风度。

依照传统礼仪，封建领主要获得承认，就需要向国王行吻脚礼，但罗洛并不打算这么做。查理伸出脚后，罗洛命令一位战士代表他去行礼。这位体格庞大的诺曼人抓住国王的脚，猛地拉到自己嘴边，倒霉的国王四脚朝天、仰面倒下。他们或许不知，这就是诺曼底公爵和法国君主未来关系的最好写照。

查理将馈赠土地视为暂时性的措施，希望将来可以收回。历史上曾有先例，馈赠的土地最多历经一代便被收回。然而，他不经意间发现罗洛是一个杰出的对手。罗洛迅速意识到自己拥有的是法国北部一片得天独厚的土地，那里有全国最好的农田。他和他的后人拥有与生俱来的超强适应能力。罗洛只用了十年，便完成一项壮举：将一帮自由散漫的袭击者转变为成功的骑士和领主。

与身边多数人不同，罗洛很清楚，要想在新家园生存，他必须要赢得法国人的忠心。这意味着他要放弃大多数维京人的传统，融入当地居民。他使用法语名字"罗贝尔"，迎娶当地女子，并鼓励部下效仿。不出一代人的时间，法语取代了斯堪的纳维亚语言，诺曼名字实际上已经灭绝。

然而，诺曼人没有完全忘记他们的维京血统。圣奥拉夫（St. Olaf）是斯堪的纳维亚人的传奇君主和挪威人的守护神，曾在鲁昂受洗。直至11世纪，诺曼人仍是维京战队的领军者。但他们不再是过去的袭击者，他们的改变在军队中体现得最为明显。维京人步行作战，而诺曼人骑马杀敌。重骑兵的冲击不可阻挡，诺曼人掀起了征服占领的高潮，从不列颠北部一路冲向地中海东岸。

最后一步改变没有那么快被世人发觉，但同样意义深远。基督教仪式庄重、光彩夺目，吸引了罗洛。或许他更多地将其视为一个机会而非信仰。于是，在他同辈人的心中，耶稣轻易取代了奥丁，他们觉得这样就可能获得上帝原谅，其转变之快不禁令人生疑。* 罗洛留给我们的最后印象是他把赌注寄托于来生。他用 100 名囚犯给奥丁献祭，然后给教会捐赠了 100 磅黄金。

第一代诺曼人或许只是初步地接触了基督教，但罗洛的后人却将其视为根深蒂固的信仰。即使《新约》中“把另一边脸转过来给他打”所宣扬的宽容忍辱并不受维京人欢迎，《旧约》中的一些内容却吸引了他们。于是他们做出了严肃的选择，即信仰基督教。当东方的兄弟受到压迫、寻求帮助时，他们立即响应；诺曼士兵为第一次十字军东征贡献了大量火力。

公元 930 年，罗洛去世，给其子留下了丰厚的遗产。追随罗洛的维京海盗转变为诺曼人，所占领土变成正统国家，他本人功不可没。尽管如此，不祥的阴云开始逼近。诺曼底没有明确的国界，周边都是虎视眈眈的掠夺者。罗洛在世时，实力派贵族尚且顺从他的意志，但他们不认为自己有理由继续向其子效忠。最令人不安的是，法国皇室始终关注着鲁昂，试图找到理由收回这一失去的领土。

罗洛打下了诺曼底的根基，但国家繁荣甚至生存与否，取决于他的后人。

---

* 在发现参加圣礼者可以获得一件免费的白色长袍后，罗洛的一些手下多次混入受洗者中获取更多的长袍。

第二章

建立公国

Chapter 2

Building a Dukedom

罗洛去世后，年轻的新公爵处在十字路口。子承父业并非既成事实，时年 34 岁的老兵长子威廉·朗索德显然是爵位候选人，因此领导权需要努力赢取。

虽然罗洛是毋庸置疑的领袖，他的晚年并非春风得意。向东扩张的步伐数次受阻于毗邻的佛兰德斯伯爵，而威廉·朗索德则成为近在眼前的替罪羊。一些挑战其权威的反叛者遭到残酷镇压，随后罗洛得以宣示自己的掌控权。多数叛乱源自他采纳当地文化。也许罗洛鼓励人们融入当地传统，但威廉以极不得体的方式抛弃了其父的政策。他迎娶了查理曼的直系后人，宣示效忠法王，甚至开始自称“鲁昂伯爵”。

这一做法是典型的诺曼式叫嚣。《埃普特河畔圣克莱尔条约》只给予他“第一公民”的头衔，因此绝不会高于“领袖”这一类称呼。然而，威廉使用法兰克的头衔，证实了臣民最担心的法国化倾向，强大的佛兰德斯公爵阿努尔夫（Arnulf）也感到了恐慌。

阻止诺曼人前进的铁蹄实属不易，因此面对野心勃勃的诺曼新领袖，阿努尔夫不想重蹈覆辙。随着威廉错误地选择干涉佛兰德斯内政，阿努尔夫决定解决这个麻烦，让诺曼底永远陷入内部动荡。他做出寻求和平的假象，将威廉诱骗到一座岛上讨论彼此的分歧，并借机将其杀死。

阿努尔夫不满足于除掉这位领袖，为了进一步打击对手，他请法王路易四世入侵诺曼底。威廉之子理查一世年仅 9 岁，显然无法组织像样的进攻。路易和阿努尔夫的联合部队大获全胜，夺回鲁昂，俘虏了理查，并将其作为战利品送至法王的宫殿。

要不是路易和阿努尔夫彼此不和，相互厌恶，诺曼底的历史本将就此终结。不久之后，阿努尔夫愤然撤军，没有佛兰德斯的支持，路易无望保持现状。随着诺曼部队对鲁昂发起反击，他不仅在战场失利，自己也沦为俘虏。诺曼人高兴地用路易换回了他们被俘的伯爵，将遭到羞辱的法王送回首都。就算理查没有吃一堑长一智，他也该感到后悔。理查一世乘胜而归，重返鲁昂，年仅 13 岁就掌握了父辈留下的遗产。他的统治持续了 49 年。

新伯爵面对的问题足以令一位成年男子感到沮丧，但他毫无顾忌地施展自己的宏图，赢得了“无畏者”的绰号。他很快便证明自己在法兰克的舞台上比父亲更加游刃有余。当法王决定再次威胁诺曼底时，理查请一群丹麦维京人洗劫了塞纳河上游地区。遭受数周劫掠后，国王终于领教了他的厉害，请求和谈。然而，理查想更永久地解决问题。查理曼的后代加洛林国王对新兴而自命不凡的诺曼底长期怀有敌意，因此理查帮助野心勃勃的贵族于热·卡佩登上王位，建立了卡佩王朝，这一王朝延续了300余年。总而言之，对于以加洛林国王阶下囚的身份开启政治生涯的理查而言，其人生运势的转变简直惊人。

之后，理查将注意力转向内政。维护臣民的精神信仰是基督教国王的职责之一，但诺曼底的教会糟糕得可怕。上个世纪的动荡导致多数修道院遭到废弃，教士被迫离开教区。之后数十年理查在圣米歇尔、费康和埃夫勒（Evreux）重建教区，从欧洲各地引入了改革的修道士。作为彰显教会重要性的标志，他甚至将幼子派往鲁昂教区——事实上其家族的每一位统治者都沿袭了这一传统。由于教会主导了教育，读写能力逐渐得以恢复。如今关于诺曼王朝的最早记录大多来自于他在费康奠定的基础。

随着教士大量涌入，诺曼人的威望得以提升。理查逐渐不满足于“伯爵”的头衔。他先试着使用古罗马“执政”的称号，随后又改用更为正式的“侯爵”。然而，他又发现了一个声望更高的称号。于热·卡佩曾是公爵——这一称号属于最伟大的法兰克人，由于自己登上王位，卡佩放弃了这个头衔，于是理查顺势将其据为己有。尽管周边地区的历史记录者（毫无疑问翻着白眼）称他为“海盗公爵”，但这个头衔已经属于他了。

到了公元996年秋天，“无畏者”理查已掌权长达半个世纪，他的身体状况不断恶化。63岁的他已经比大多数同辈人更加长寿，没有太多人期待他还能活太久。他在巴约染病，随后来到费康，住进自己最喜欢的城堡。他庄严地正式选择了继承人，赤足步行至附近的教堂领取圣餐，并要求将自己葬在教堂的柱廊下。第二天夜里，他的疾病突然发作。侍从赶到时，他已撒手人寰。

他是令人敬畏的公爵，为诺曼底奠定了坚实的基础。在他的领导下，诺曼底在很大程度上成为一个基督教封建国家。他最大的成就或许在于为斯堪的纳维亚的后人确立了合法性原则，子承父业显然比不稳定的强人统治原则更加可取。

他的统治时期也是诺曼底早期重要的历史分水岭。罗洛和威廉·朗索德的时代最多称得上神秘，传奇事迹多于历史事实。由于理查对教会的支持，成倍的教士回归家园，像《历代志》中那样重建圣所*。理查揭开了谜一般的传奇故事，诺曼底进入史册。

毫无疑问，诺曼人感激他们永远的公爵；事实上他们还把他当作圣徒。后世盛赞他是穷人的支持者、孤儿的守护者、寡妇的保卫者、俘虏的救世主。后来的传说甚至记载他夜游鲁昂，在黑暗的教堂外与恶魔对峙。然而，最崇高的称颂出现在理查离世一个世纪之后。《罗兰之歌》(*Song of Roland*)是法国史诗的巅峰之作，讲述了查理曼的故事。故事中的理查以“年迈者”理查的形

* 《历代志》(*Chronics*)是圣经《旧约》中的章节，记载了被掳70年后归回的犹太人的故事，激励归回者重建圣殿的热心，并为他们重建家园立下了稳固的属灵根基。

象出现，蓄着白色长须，眼神清晰警觉。查理曼时期当然没有诺曼底公国，然而这首史诗完成之时，没有诺曼底的法国似乎成为法国人难以想象之事。

第三章

创造诺曼人

Chapter 3

Inventing the Normans

如果“无畏者”理查为诺曼人赢得了公爵之位，那么他的儿子则为诺曼人赢得了身份。奇怪的是，这很大程度上要归功于英王国。诺曼人为创造现代英国做出的贡献众所周知，但多数人并不知道反之亦然。英格兰对诺曼底的缔造和定义起到了关键作用。

维京人最早发起对外攻击始于公元8世纪，不列颠群岛首当其冲；此外，英伦诸岛对维京人极具诱惑，因此他们派出一支强大的军队，意图完全征服这片土地。彼时盎格鲁－撒克逊人受制于诸国割据（通常指七个国家）的现实。不出数年，除了南方的威塞克斯王国，维京人几乎占领了整个不列颠。威塞克斯的沦陷似乎也不过是时间问题了，但幸运的是威塞克斯国王阿尔弗雷德是一位杰出的战略家，他成功地阻止了维京人前进的步伐。在他的统治下，势均力敌转为对其有利，逐渐并确实地击退了维京侵略者。如此巨大的成功为阿尔弗雷德赢得了“大帝”的称号，他也成为迄今为止唯一获得如此崇高头衔的英国国王。然而，阿尔弗雷德最大的成就在于让维京人知道英格兰绝非唾手可得的囊中之物。因此，包括冒险家罗洛在内的下一批侵略者决定换个地方试试运气，便选择了进军法国。

阿尔弗雷德的孙子埃塞尔斯坦继承了其父的事业，将英国的统治扩大至苏格兰。他接受了苏格兰国王的投降，自称“全不列颠国王”。在强大的君主统治下，商业取代了劫掠，待到诺曼底进入理查一世时期，英国已经变得极为富裕。然而，英国人很快发现，他们没有足够多的领袖。

维京人的新一波活动冲击着北欧和不列颠群岛，而英国国王埃塞尔雷德转而选择经过检验但极具灾难性的途径：收买维京人。因此，人们送给他一个准确而直接的绰号——“决策无方者”埃塞尔雷德。前来抢夺战利品的侵略者发现，这里的金钱源源不断，得来全不费工夫。他们只需要放火烧掉几个村落，等待国王的代表送上黄金收买自己。

埃塞尔雷德的财富不足以持续不断地向维京人缴纳赎金，因此他开始征收一种特别的税款“丹麦金”（字面含义为“维京人的钱”），用来收买维京人。如果行之有效，如此征税可能会被民众接受，但征税令情况继续恶化。这样做不仅耗费了大量财力，而且完全打击了士气，因为它不仅没有打消侵略的念头，反而激起了他们的欲望。

在英吉利海峡对面的诺曼底，理查一世公爵也面临相似的问题，虽然没那么严重，但他也要考虑如何应对维京人。尽管文化上同根同源，这位诺曼底公爵最不希望看到不受控制的维京人破坏贸易、冲击本国领土。数代诺曼底领袖都尽其所能，让其他基督教国家相信自己是已开化的基督徒；理查不可能一边欢迎异教徒的进攻，一边继续维持这一假象。此外，谁也不能保证维京人不会对他发起突然袭击。他们掠夺成性，而诺曼底有着足够多的战利品。

当维京人强人所难地要求进入诺曼底港口，为他们从英格兰掠夺的战利品寻找销路时，理查仍然想知道自己如何应对。日渐衰老的理查左右为难。是积极反抗、激怒维京人？还是帮助他们，坐实外界沸沸扬扬的传言：诺曼人自身也不过是一群海盗？

或许是因为他觉得自己毕竟是维京人的远亲，或许他想竭力避免成为他们的下一个目标，但不管出于什么原因，理查一世开放了港口。这不可避免地引发了争议，他也做好了面对争议的准备。

争议几乎瞬时暴发。英国人尤其感到震惊，他们没有想到一位信奉基督教的国君竟然欢迎这群正在英国抢劫的强盗。他们呼吁教皇取消其授予诺曼人的一切，不过教皇并不愿意这么做，因为彼时他正致力于推行教会改革，而诺曼人正是其领土上重要的改革赞助者。然而，这一丑闻愈演愈烈，教皇派出代表面见理查，后者极不情愿地签署了协议，不再允许埃塞尔雷德的敌人们进入港口。但他无法彻底与维京人断绝关系；他指示商人们继续从事贸易活动，自己则在五年后去世，将这一问题留给儿子来处理。

尽管严格来说，33 岁的理查二世是私生子，但权力交接的过程十分平稳。遗嘱决定继承的原则已经确立。重要的婚姻都是政治联姻，诺曼底公爵也采取同样的方式寻找情妇，与她们公开同居，并给予其子女合法地位。公众似乎已经接受这一点，视其为异教徒时代的残余，满足于听其自然。幸运的是没有人真正挑战理查二世的权威，因为他很快就遇到了第一次真正的外部考验。

由于过去数十年在英国的劫掠如此轻而易举，丹麦人也深受吸引，于公元996年派出庞大的军队突然袭击威塞克斯，有计划地开始了长达三年的劫掠。当埃塞尔雷德筹集足够的金钱劝其撤退时，维京人确定他们需要一个基地，以供未来继续开展进攻。他们想使用诺曼底的港口提供补给，于是要求理查二世点头同意。

理查和其父一样感觉为难，并得出了同样的结论。英格兰的“决策无方者”埃塞尔雷德开始感到恐慌。他已经掏空国库来贿赂维京侵略者，但结果是看着他们跨越英吉利海峡，获得友好的招待，并继续进攻。他不得不想办法关闭诺曼底的港口。向教皇发出请求显然没有效果，因此这位国王开始尝试外交手段。他提议：如果诺曼人同意关闭港口，自己就迎娶理查二世的未婚妹妹爱玛。

这是一个理查不可错过的大好机会，当然值得他为此得罪维京人，因此年轻的爱玛被送往伦敦。埃塞尔雷德自信地认为他最终解除了维京人的威胁，于是他突然对英格兰西南地区的丹麦人发起屠杀，随后大规模召集舰队，防止丹麦人报复。此后数月维京人没有采取任何报复行动，于是埃塞尔雷德改派海军去解决旧仇宿怨。理查二世本应是他当前的盟友，但多年来英格兰饱受维京人侵略时，诺曼人袖手旁观。这一次正是以牙还牙的时候，因此他派出一支部队突袭诺曼底海岸。诺曼人轻而易举地击溃了他们，随后埃塞尔雷德面临着更大的问题。屠杀丹麦人给了丹麦国王“八字胡”斯韦恩（Svein Forkbeard）最合适的入侵借口。由于埃塞尔雷德毫无必要地引起了理查二世的敌意，后者张开双臂欢迎斯韦恩来到鲁昂。双方正式结盟，立誓永远互不交战。随后斯韦恩继续前进的步伐，来到了英格兰，惊讶地发现自己几乎没有遇到什么抵抗。英国人对软弱的国王忍无可忍，加上斯韦恩已经是基督徒，因此当地人没有像看待维京人那样怀疑他。到了年末，丹麦人已经登上英格兰王位，而埃塞尔雷德、爱玛和两位幼子流亡至诺曼底，处境尴尬。

理查二世似乎很快意识到，与维京人缔约实在是过激的行为。历代诺曼底公爵都努力把自己打造成正统的法兰西贵族，而周边居民对他们的维京血统心存质疑。现在，他们内在的维京人本质似乎暴露无遗。正统的基督徒和法兰西王公不会和维京国王缔约，不会和维京海盗进行贸易往来——当然更不会利用维京雇佣军威胁其他基督徒。

彼时理查方才犯下这一过错。他卷入与布列塔尼的边界冲突，并请维京战士*助阵，更加深了法国周边地区的不满。（在法国人看来）其妹妹爱玛的做法也堪比理查二世公爵的可耻行为。流亡两年后，她的丈夫埃塞尔雷德及其对手“八字胡”斯韦恩相继去世，于是她迅速抛弃幼子，正式和他们脱离关系，并与英格兰新登基的维京国王结婚。这些成为孤儿的男孩只得依靠自己生存，其中就包括未来的国王

* 其中的一名战士就是奥拉夫·哈拉尔德松，即后来的挪威国王和守护神。

“忏悔者”爱德华。

显然，诺曼底正在成为斯堪的纳维亚人的势力范围，印证了法国人对这个新邻居的怀疑：他们到底只是半开化的族群。为了扭转糟糕的形象，理查二世主持编写了亲法国的诺曼底公国史。要扭转糟糕的公共关系，还有什么比自我稍加改变更有效呢？

诺曼人的历史被彻底洗白。罗洛在挪威出身高贵；其子威廉·朗索德由生性凶残变成了文雅的统治者——一个虔诚的基督徒、和平爱好者，并光荣地殉道离世。理查一世是道德楷模，改革教会的同时保持独立自主，不受北方强势的影响。

公爵们包养公共情妇的癖好令人相当尴尬，但这些女人获得了“丹麦人妻子”的称号——史册称她们是旧维京异教徒时代的产物，而当时的统治者并不知情。甚至连理查二世的母亲也被加以美化。她其实是理查一世手下一位权臣的女儿，随后成为公爵的情妇，以加强公爵与其父亲的关系。然而，在史书中她变成卑微的护林人之女，在公爵狩猎时与其邂逅，用美貌和美德俘获了公爵。

一位胸怀雄才大略的公爵需要这样的祖先，方才配得上最高贵的法兰西贵族血统。这些贵族也给予理查二世所需要的信任。他在鲁昂的宫廷封官加爵，任命的子爵、宫廷管家和治安官数量甚至超过所有的法王。诺曼人的势力似乎一夜之间无所不在，他们干预周边地区冲突、陈述公爵的主张、扩张诺曼底领土。理查传达的信息非常明显，这些行动出自法国历史上最伟大的统治者之一，即使他没有加冕，也几乎等同于国王。

理查二世以 64 岁高龄自然病逝，彼时他已成功地将人们眼中维京人的流氓国家变成了法国最强大的行省之一。他是法王的朋友、英王的姐夫，还有至少五子业已成年，足可继承其位。臣民对他颇有好感，称其为“好人”理查，这很可能是发自内心而非迎合官方的历史学家。其他历代公爵不可比拟的是，他为诺曼人创造了属于自己的身份，为后世更伟大的成就奠定了基础。

第四章

华丽的魔鬼

Chapter 4

The Magnificent Devil

中世纪统治者的去世往往会引发动乱，然而理查为权力继承做好了充分的准备。这位已故的公爵有 2 个兄弟和 5 个儿子，并不缺少可选择的继承人。长子理查三世显然是继位人选，并从一开始就接受培养，为继位做好准备。其父去世时，时年 30 岁的理查三世深受欢迎，他已接受过战争的检验，更重要的是他自己已有一子，可以保证下一代公爵爵位的顺利传承。他用诺曼底周边广袤的土地收买了叔父和兄弟们，每个人都完全满意，接受新的安排，就此安定下来。

唯一对新处境感到不满的是时年 17 岁的罗贝尔，理查三世最小的弟弟。他非常自信，精力旺盛，百分之百相信自己才是继位人选，但只得到了诺曼底中部法莱斯的城堡及周边的一些土地。他站在城墙上，宣称自己有能力统治一切听命于他的人。尽管叔父们均无意支持自己，罗贝尔仍决定反叛，沿乡村进军，一路破坏，直指目标。

理查三世没有心情容忍幼弟的侮辱，他率领大军席卷法莱斯，迫使罗贝尔仓皇逃回城堡。令罗贝尔感到恐慌的是，理查的军队制造出一种攻城车，有条不紊地削弱了自己的防御。罗贝尔被迫忍辱负重，公开宣布投降，受尽惩罚后回到法莱斯，重建他最心爱的城堡。

理查战胜了他的兄弟，为日后获得更大的外交成就奠定了基础。作为其崇高地位的标志，理查与法王年幼的女儿订婚。但婚礼尚在筹备中，年轻的公爵竟染病身亡。人们很快便怀疑这是一起毒杀事件，并将矛头指向罗贝尔——他的野心众所周知，他的行为几乎无法证明自己的清白。因此，哥哥尸骨未寒，罗贝尔便将理查的儿子驱逐出皇宫，自己登上公爵之位，以求自保。

这一事件（不那么公平地说）使这位新公爵获得了“恶魔”罗贝尔的绰号。中世纪社会因其多次被恶疾击垮而声名狼藉，其中不少疾病的暴发毫无征兆。但对中世纪而言，突然死亡是最可怕的命运之一。突然死亡意味着人们没有时间准备、忏悔或举办仪式，死者将毫无准备地面对可怕的“末日审判”*。如此死亡非常可怕，因此“愿你毫无征兆地死去！”成为中世纪最恶毒的咒骂。如果高层领袖意外死亡，人们定会怀疑此事绝非自然而然地发生。相应的解读往往取决于此人受欢迎的程度：腐败或邪恶的统治者一定是遭到神的惩罚，而被看好的统治者则无一例外是中毒身亡。

---

* “末日审判”是基督教术语，出自《圣经》启示录的预言，认为世界终结前上帝要对世人进行审判，凡信仰上帝和耶稣基督并行善者可升入天堂，恶人将被丢入硫黄火湖永远灭亡。

依照常理，罗贝尔是理查死亡的最大受益者，或许他希望其兄死亡，但如果这样，中毒身亡的说法很难成为无懈可击的解释。他夺取公爵之位的做法可以被视作罪行，同样也可以归因于个人野心和实用主义理念，如此看来，他采取迅速有力的行动无疑避免了更多的杀戮与流血事件。此外，尽管个人名誉明显受损，毒杀的传言也伴随他的余生，但似乎没人觉得罗贝尔掌权有什么问题，甚至连与世无争的理查三世之子尼古拉也不例外。后来一位诺曼史学家用温和的口吻概括了这一事件：“罗贝尔因袭继承了爵位。”

然而，获得权力是一回事，统治则完全是另外一回事。罗贝尔曾不失时机地对贵族煽风点火，对抗理查，如今他自己则要为这些叛逆的贵族而头疼。未经许可而建造的城堡纷纷拔地而起，教会土地遭到没收。而罗贝尔则忙于惩罚当年没有支持自己的人，从一开始便无暇旁顾。他的叔父是鲁昂大主教，当年没有支持罗贝尔的第一次反叛，如今报复的时候到了。罗贝尔走进叔父的领地，罔顾其不断的抗议，毫不客气地将他逐出诺曼底，并没收了他的财产。如此轻而易举的成功鼓舞了罗贝尔，他将下一个目标指向自己的堂兄弟巴约主教，于是又一个倒霉的亲戚遭到流放。

没收教会财产的行为无法不引起罗马教皇的注意，被罗贝尔流放的大主教也来到罗马，请求对诺曼底实施封锁。公爵的行为令矛盾进一步激化：他无视教士的抗议，将他们一一驱逐。关于教士遭遇的消息不断地传入罗马。教皇终于采取行动，将罗贝尔逐出教会。

公爵无法参与圣事，其原罪也得不到宽恕。如果在审判后死亡，他将不能安葬于圣土之下，注定将暴尸荒野、骨骸腐烂，无法享受教会的祈福。所有的封建领主将不再有义务效忠于他。贵族不再需要服从他的命令，因为他是遭到驱逐的公爵。庇护他的人将面临被教会谴责的风险。

审判的可怕消息传到罗贝尔耳中时，这位公爵身在法莱斯，住在自己最喜爱的城堡中。然而此时的他根本无心过多关注此事。因为他刚刚遇见一位特别的女子海莱维（Herlève）。

罗贝尔在城堡上散步时发现了她，一个皮匠的女儿。据说当时她正在帮父亲干活，赤脚站在正在染色的衣服上，拉起自己的衣服，以免弄脏。当她发现公爵正在注视自己，便羞涩地将裙子拉高了些，用自己的美腿引诱罗贝尔。公爵被迷得神魂颠倒，命令一名手下悄悄地将她带来，经由后门暗中领到自己的房间。然而，海莱维声称自己要么光明正大地走前门，要么就不来。痴迷的公爵顺从了，海莱维身着最漂亮的衣服，骑着白马得意扬扬地进入城堡。如果海莱维要做公爵的情妇，那么她就得是唯一的一个，而且这一点要众人皆知。9个月后她给罗贝尔生下一子，兴奋的新爸爸按照第二代诺曼底公爵的名字，给孩子取名威廉。

社会地位的天壤之别，决定了罗贝尔和海莱维不可能结婚。罗贝尔很快发现，自己承受着巨大的压力，只得把她嫁给别人并断绝往来。一个世纪之前，情妇不是问题，但他的父亲和祖父推动教会改革，改变了诺曼底的道德观念。然而，更严重的问题是被逐出教会。日复一日，他的道德灵魂越发危险，即使是鲁莽的公爵也无法一直不以为意。罗贝尔收起自己的傲慢，召回他的大主教叔父，归还了其财产和土地。

此举是罗贝尔统治时期的巨大转折。正如莎士比亚笔下年轻的哈尔王子，他的鲁莽时期已成为过去，他决定像真正的公爵那样做。他把海莱维嫁出去，归还了教会的财产，并迫使目无法律的大商人效仿自己。他亲自出资捐赠大教堂，尤其是费康的教堂，并给予保护。

贵族拒绝任何形式的中央集权，但罗贝尔利用有力的外交政策剥夺了他们的势力。佛兰德斯领主被其子流放，罗贝尔趁乱入侵这一邻邦，表面上恢复了领主的地位，实际上扩大了自己的影响力。第二年布列塔尼威胁圣米歇尔，于是罗贝尔运用同样的策略迫使布列塔尼的领主公开承认其附庸地位。公元1033年，年轻的法王亨利一世在宫廷政变中遭到流放，这给了罗贝尔一个扩张诺曼底的黄金时机。亨利逃到最强大的支持者所在地费康，要求公爵施以援手。罗贝尔迅速动员部队，横扫千军，直逼巴黎。他击溃了叛军，将亨利送回王座。

这一年罗贝尔不仅展示了决定大陆王位的能力，还获得了跨越英吉利海峡的良机。公爵和盎格鲁–撒克逊皇室关系紧密；罗贝尔的姨母爱玛嫁给了英王，而爱玛的两个儿子阿尔弗雷德和爱德华年纪稍长于他。理查二世公爵统治期间，一个名为克努特的维京人霸占了王国，将三位皇室成员流放至诺曼底。他们在一起的时间并不长。幸存的爱玛返回英格兰，嫁给克努特，抛弃了两个儿子。他们只能自生自灭。

罗贝尔公爵的父亲处事谨慎，对英格兰侄子的命运不太关心，但罗贝尔与之年龄更近，同情这位表哥的境遇。出于自己特有的洞察力，他将兄长爱德华称为“英格兰国王”，并向克努特提出了一个令人尴尬的要求：支付他们的抚养费。克努特一笑置之——他可不会给威胁自己王位的敌人提供食宿，于是罗贝尔向英格兰派出舰队，以此继续威胁他。

第一次进攻与其说小心谨慎，倒不如说非常特别。公元 1033 年，诺曼底的舰队出发，但陷入暴风雨，迅速偏离航向，结果在布列塔尼中部的法国海岸登陆。诺曼人当然不会错失这个机会，罗贝尔率军登陆，迅速突袭了邻邦的领土。

公元 1034 年冬，25 岁的罗贝尔已成为法国最有权势的领主。他聚集众多封臣，统治邻邦，胁迫一位国王，并将另一位国王送上王座——对于一个鲁莽的幼子而言，这是了不起的成就。他处在权力的巅峰，看起来即将成为诺曼底最强大的公爵之一。随后，罗贝尔在圣诞节宣布了令人震惊的消息：指定 8 岁的私生子威廉为王位继承人，同时自己即将奔赴耶路撒冷。

公众震惊之余，传言不可避免地传开，大家窃窃私语，说他出于内疚而前往耶路撒冷，这也戏剧性地证明他的确毒杀了兄长。无论如何，不管是出于内疚、冒险或是身心俱疲，罗贝尔决定出发。去往这个目的地某种程度上比朝圣的想法更加惊人。罗马或圣地亚哥-德孔波斯特拉（Santiago de Compostela）更受欢迎，相比之下通往耶路撒冷的道路要穿过敌对者的地区，不仅开销更高，而且危险得多。然而，公元 1027 年，拜占庭皇帝与耶路撒冷的法蒂玛统治者达成协议，保证通往基督教圣地的朝圣之路畅通无阻。因此，前往圣地的人数激增，众多虔诚的信徒希望在耶稣受难千年纪念日之际及时抵达圣地。

罗贝尔或许就在考虑朝圣。将公国交给一个孩子绝对称不上负责之举，但他还是决定前往，并做好自己能做的安排。他逐渐放手，让威廉扮演继承人的角色，并以威廉的名义赏赐礼物、签署文件。如今，在费康圣诞节的宫廷中，他要求群臣宣誓效忠，所有人都这样做了，无一例外、无人反对。罗贝尔对自己履行的义务感到满意，于是带上国库所有的钱，离开了诺曼底，再也没有回来。

他先穿过阿尔卑斯山，来到罗马，一路给各教堂馈赠重金，很快便获得了“宽宏的罗贝尔”的称号。假如他继续南下，将遇到第一代迁往意大利“踝”部的诺曼人。但实际上，他很可能是前往海岸，乘船向东。公元 1035 年初，他抵达君士坦丁堡，将大部分时间用来在这座城市旅行，甚至面见了拜占庭皇帝。受到虚荣心的驱使，诺曼史学家称罗贝尔的财富震撼了拜占庭皇帝。离开拜占庭宫廷后，公爵继续前往耶路撒冷。他及时到达，刚好赶上庆祝圣周（Holy Week，复活节前一周）。

耶路撒冷有无数种方式让朝圣者花钱，而罗贝尔走遍了这座城市每一处。他前往圣墓教堂祈祷，折回耶稣受难走过的路。据说他的返程之旅同样舒适愉快。初夏时分他抵达博斯普鲁斯，在美丽的小城尼西亚驻足停留。然而，他在这里意外染病，于公元 1035 年 7 月 2 日去世。为了继续美化罗贝尔，坊间开始传言称他中毒身亡。一位诺曼史官甚至虔诚地表示，上帝带走了罗贝尔，因为“这个世界配不上他的优秀”。

罗贝尔的遗体安葬于尼西亚，直至公元1085年一个诺曼代表团将其带走。然而，这一次罗贝尔的遗体只到达了意大利，因为代表团突然得知现任公爵也已经去世，所以便将其安葬于此，保留至今。

罗贝尔短暂的统治虽然成功，但也充满争议，他鲁莽、不负责任地离开诺曼底，前往东方，导致公国再次陷入内战。更糟糕的是，他无法真正令权贵臣服，所得到的不过是幼稚的誓言，因此年仅8岁的儿子威廉要独自面对周围经验丰富的权臣，孤立无援，处境危险。经过近十年的强势领导，诺曼底再次陷入混乱。

第五章

威廉公爵

Chapter 5

Duke William

私生子威廉本可能活不过童年。年仅 8 岁的他被父亲抛弃，成为诺曼底权力政治斗争中一颗无助的棋子。他被推到前台，面对着大批诺曼底封臣时，恐怕早已不知所措，不知道到底发生了什么。他唯一知道的就是父亲已经离开。他周围的这些人几乎毫不掩饰对公爵之位的野心，也不会让他高枕无忧。大多数人时时刻刻关注的是罗贝尔公爵，因为贵族们都想趁公爵不在时谋取更高的地位。

目前我们还没有找到这对父子离别时的对话——他们从此再未相见——但人们希望当时罗贝尔做出了缓和局势的努力，或许还建议、勉励威廉做一个真正的男人。公国的实际统治权当然会落入他人手中，然而这一刻来临时，威廉一定会因为父亲的不在和自己肩负的期望而感到恐惧。父亲渐行渐远的身影，必定带给威廉人生中最孤独的感觉。

当罗贝尔去世的消息传回诺曼底时，它对公国稳定的冲击已经有所减缓。公爵于1034年圣诞庆典后离开，尽管他于第二年春天去世，但直到1035年8月这一消息才传回诺曼底。彼时罗贝尔已经离开将近一年，贵族们早已习惯性地将威廉视为公爵。如果罗贝尔死于本国，威廉可能早就轻易地遭到排挤——毕竟罗贝尔本人就是用这种方式除掉侄子，获得权力的。

尽管威廉尚且年幼、经验不足，但事情最初看起来并非那么令人绝望。他拥有两个非常重要的有利因素。首先，他众多的叔父、叔祖父和堂兄弟都公开表态承认他继任公爵，并宣誓效忠，尽管他们自己也企图登上这个宝座。这就意味着，除非民怨沸腾，否则他们无法公开违背效忠威廉的承诺——这毫无疑问保证了威廉性命无虞。其次，威廉手下有可靠的保护人。罗贝尔留给儿子一批精英，足以保护他平稳度过成年之前的统治时期。他们的首领就是威廉的叔祖父——大主教罗贝尔，他是这个家族的政界元老，也是诺曼底教区的大主教。

正如外界预期，一个握有实权的委员会确保诺曼底两年的稳定。大主教巨大的威望确保了平稳过渡，但教会人士的能力毕竟有限。事实很快证明，诺曼底的内部力量大都随着威廉父亲的去世而耗尽。历代诺曼底公爵都知道，国家的和平需要贵族集团服从统治，因此他们严格限制封臣修建城堡。然而，罗贝尔统治时期，这样的规定几乎被完全打破。威廉的亲人大多为伯爵，他们都拥有效忠自己的领地和不止一座城堡，但仍没有发现任何不继续修建城堡的理由。罗贝尔的去世刺激了贵族的野心，他们利用威廉的财富扩张自己的势力。擅自修建的城堡纷纷涌现，遍布诺曼底，中央权威进一步遭到削弱，但身在鲁昂的幼主和他的谋士无力阻止。

威廉成为公爵的第二年，随着其叔祖父的去世，局势进一步恶化。随着首领的去世，再也没有人具有掌控这批保护人的威望，他们为了权位互相争斗。此时，谁控制了威廉，谁就明显更具优势。因此之后几年，他们将年轻的公爵视作棋子，谁一时得势便将威廉控制在自己手中。

随着威廉的随臣互相争斗，动荡的局势逐渐蔓延。由于新城堡的建立，中央政府不可能掌控公国，甚至连小小的骑士都开始寻求自己的权力，以图建立实质独立的诸侯国。更糟糕的是，他们也竞相软禁并控制威廉。

整整十年威廉不得安宁，保护人越来越少，为了在你死我活的斗争中占据主动，把他从一个据点推到另外一个。无情的绳索越系越紧。小公爵的老师在回家的路上遇害，一批谋士遭到屠杀。阿尔法斯特之子奥斯本外交能力出众，是著名的“调解人”，他甚至在病床睡觉时都采取了预防措施，但仍不足以自保。一名刺客成功地从侍卫眼皮底下潜入，面对惊恐万分、正要喊人的奥斯本，直接割破其喉咙。

尽管同样作为保护人的吉尔贝伯爵（Count Gilbert）和阿朗伯爵（Count Alan）得以团结起来，但公元1040年吉尔贝死于围攻叛乱城堡的战役，第二年威廉的老师和阿朗也遭到刺杀。

威廉最终能幸免于难，是因为贵族们意识到动荡的诺曼底更符合他们的利益。弱小的公爵不会构成威胁，绝对是比强硬人士更好的选择，因为后者将不可避免地利用刺杀行动获取权力。贵族真正想要的是在自己的地盘上不受打扰，而年轻的私生子威廉几乎无法干预他们的事务。让他因惊恐而走开，自己便可为所欲为，这岂不是好得多？

主教贝莱姆的伊夫二世（Yves Ⅱ of Belleme）便是一位可憎的权贵。为了迎娶一位更出众的女子他杀害了前妻，还在公国境内建立自己的势力，确立了自己的地位。面对鲁莽入侵自己领地的政敌，伊夫一路追杀至附近的大教堂，并强行闯入。由于大门结实，手下的骑士无法破门而入，他便将教堂烧成灰烬，困在里面的敌人自然不能幸免。伊夫似乎从来没有想过这样的做法对一名主教而言很不合适——即使是像他这样世俗的主教。贝莱姆的主教和其他贵族一样，不能容忍任何挑战自己权威的行为。

如今中央权威已彻底消失。任何人只要控制了当地的城堡，也就控制了周边地区，动荡的局势刺激了邻邦的野心和掠夺欲望。威廉的堂兄布列塔尼公爵声称罗贝尔在前往耶路撒冷之前便委托布列塔尼照顾威廉，这种说法显然不实，他自己无法自圆其说，他人也不会相信。也许布列塔尼要的就是这种反应，并顺势入侵诺曼底，但刚越过边境他便去世，威胁也随之消失。然而，更可怕的袭击随之而来。法王亨利一世时称“城堡掠夺者”亨利，试图控制塞纳河谷。他在追逐越过诺曼底边境的敌军时，要求诺曼人迅速移交一座城堡，作为进军的基地。威廉的保护人被这一阵势吓坏了，立刻遵从照办。但法王随即拆毁了这座堡垒，并按照自己的要求重建，其中不乏武力威胁的意味。

法王的闯入引发了叛乱。许多贵族对公爵的亲人和保护人的贪婪感到厌烦，转而汇聚到法王的旗下，希望他能进行更有效的统治。就连公爵的出生地法莱斯也被叛军占领。他们加强了法莱斯的防御工事，效忠法王。

随着局势越发令人绝望，一个默默无闻或者说不被期待的人物突然出现了。按照当时计算年龄的标准，威廉已经15岁，他准备展示自己的权威。威廉重整人马，将叛军赶出法莱斯，带领部下英勇地抵抗主要的谋反者。亨利国王感觉到诺曼人的忠诚已出现动摇，自己也没有做好持久作战的准备。他声称已经宣示了自己的权力，证明了自己的态度，之后便率部撤退。

威廉最终崛起并成为强大的领袖，这并不奇怪。他一定储存了足够的力量，确保自己在艰难的童年存活下来。他对暴躁的保护人没什么耐心，尽管是他们替自己行使统治权。他解散保护人，召集了一批新的谋士。这些人大都年轻有为，愿意永远追随威廉，后来则成为英格兰最大的领主。

然而，威廉的做法非常危险。被遣散的大臣大都是公爵家族的成员，他们不可能容忍威望的丧失和被“新人”取而代之的羞辱。有人甚至要求登上公爵之位。一种新的观念悄然形成：毕竟公爵也可以被废黜。

起初他们试着客气地请求恢复自己的地位，但随着威廉确定无疑地、持续地表现出其独立的想法，他们意识到形势正在改变。对伊夫二世等人而言，现在只有一条路：公爵必须死。

公元1045年，一次刺杀行动失败，主要原因是行动成员的组织混乱，然而这反倒坚定了他们的决心。他们推选威廉的堂兄勃艮第的居伊（Guy of Burgundy）为主谋，进一步制订了刺杀计划。计划的关键在于速度。到公元1046年时威廉已接近18岁了，他们感觉到机会正在溜走。当威廉前往诺曼底西部地区狩猎时，这群阴谋者郑重发誓，在他回到住所的晚上将其刺杀。

幸运的是，一名弄臣无意中听到了他们的谈话，提醒公爵不要返回。威廉小心提防着随从，迅速逃跑。他避开了主路和城镇，尽其所能蹚过河水，全力冲刺穿过树林。在里村（Ryes）他遇见了一位友善的地方领主。这位领主送给威廉一匹精力充沛的马，并派三个儿子护送他。他们一行四人安全地抵达法莱斯，威廉得以躲进城堡避难。

彼时半个公国都起兵叛变，威廉不知道自己能信任谁。他在绝望中向他的宗主——"城堡掠夺者"亨利国王——寻求帮助。事实证明这个惊人的决定非常精明。由于封建体制下欧洲的叛军同盟迅速进军，二人之间的恩怨已经不那么重要了。强大的国王需要控制诸侯，因此亨利完全有理由支持威廉。靠王权支撑的弱小公爵绝对比勃艮第的居伊这种位高权重的强力竞逐者更好，因此亨利召集军队，加入了位于法莱斯的威廉军队，组成联军。

联军和叛军在瓦尔斯沙丘对峙，孤注一掷陷入激战。尽管叛军之中也有人叛变，但仍具备相当的数量。然而叛军缺乏协调，因为居伊无力要求自己和其他贵族如己所愿交出军队。在初期一次小规模战斗中叛军曾把国王拉下马，但国王军队重新集结，经过数小时激战，叛军分崩离析。失利的叛军试图越过附近的河流*，却遭到王室军队屠杀。

尽管勃艮第的居伊成功地逃到布里奥讷（Brionne），并坚守数年，叛乱仍被有效地平息。逃亡的贵族越少，获得宽恕的重要贵族就越多，他们反思自省，回到了宫廷。对威廉而言，他想充分利用这次胜利，迅速着手强化个人权力。在中世纪时期，宣誓是一种有力的方式。或许是依稀想起了当年圣诞仪式上的父亲，威廉在他获胜的地方附近举办了“和平会议”。这是一次室外会议，奥恩河岸堆满了叛军的尸体，有效地向贵族们展示了公爵的实力。威廉派出所有手下，全程参与会议。教士们肃穆地将附近修道院的宝贵遗骸搬走，贵族们聚集一堂，宣誓尊重和平。

这是一项重大的成就。作为纪念，威廉在这里修建了一座致力于维护和平的小教堂。

年轻的公爵完全有理由骄傲。尽管年仅20岁，他在充满磨难的童年中做到了看似不可能的事情，成功地生存下来，并成为不可忽视的力量。无视法律的内讧局面并未完全结束，仍然有人把他视作可以控制的棋子，但威廉已经在稳定公国局面的道路上取得了重大进展。此时，他有生以来第一次开始考虑婚姻大事，以确保诺曼底王朝的未来。

中世纪的权贵婚姻是由他人选定的政治联姻，在这种情况下几乎不会考虑个人感情的因素，但威廉拥有难得的自主权。他的父亲已经去世，母亲的地位不足以施加任何影响，谋臣们要么和他同龄、要么

---

* 许多人在此溺死，以至于下游几英里处的一座磨坊被尸体所堵塞，而不得不停止工作。

已经失去信任并遭到罢免。那个时代他是为数不多可以自己选择妻子的统治者。威廉决定接受教会的制裁，避免重蹈父亲的覆辙。

如果威廉为爱结婚，他也可以足够务实，将其转变成政治优势。经过一番搜寻，他看上了邻邦佛兰德斯公爵美丽的女儿、法王的侄女——玛蒂尔达*。这绝对是令人激动的联姻。她与威廉年龄相仿，自身实力强大，显然二人会一生忠于彼此。威廉是一个与众不同的诺曼底公爵：他没有情妇，也没有私生子。

然而，二人成婚之前遇到了一个潜在的问题。威廉和玛蒂尔达是五代表亲，但教皇禁止七代以内近亲通婚。此外，玛蒂尔达的母亲被发现曾与威廉的叔父订婚。尽管二人最终没有成婚，但仍被视作违反近亲通婚的规则。

这些问题在中世纪普遍存在。由于婚姻通常在同一阶层成员之间订立，因此各皇室之间的关系并不复杂；几乎所有皇室成员彼此都有血亲关系，所以多数时候大家对此都客气地视而不见，除非出于政治原因做出反对。

然而，教皇利奥九世有许多理由给诺曼人制造困难。作为第一位伟大的改革派教皇，他认为统治者应成为民众的榜样，但诺曼底因其神职人员的恶行而声名狼藉。除了买卖圣职的猖獗，这些世俗的神职人员完全不尊重自己的牧区。诺曼人的暴行激发了源源不断的抱怨，也引起了教皇的注意。出于个人原因，教皇也不能视而不见。

* 同时她也非常矮小，她的身高只有 4 英尺 2 英寸（约 128 厘米）。

一方面，教皇要依靠德意志皇帝*亨利三世的支持，而当时亨利与玛蒂尔达的父亲产生了争端。更重要的是，对教皇而言，抵达意大利的诺曼雇佣军日渐成为一个大麻烦。这支雇佣军由残暴的汉弗莱·吉斯卡尔（Humphrey Guiscard）和罗伯特·吉斯卡尔兄弟领军，实力与日俱增，引起了所有人的担忧，甚至连教皇都准备亲自带领一支盟军将其逐出意大利。因此，当威廉要求教皇同意这桩婚事时，教皇却召集委员会议谴责买卖圣职的行为——显然是表明不同意。

当然，诺曼底大多数主教都缺席了这次会议。他们几乎都违反了教会规定，拥有情妇、言行失检，不愿意面对教会的谴责。参加会议的主教将坏消息带回诺曼底：教皇明令禁止这桩婚事。

但威廉继续准备婚事，并于次年举办私人仪式与玛蒂尔达成婚。他没等多久，政治风向已然转变。汉弗莱和罗伯特兄弟击溃了教皇的大军，俘虏了教皇。一年后利奥去世，继位的教皇认为与诺曼人讲和是更为明智的决定。威廉承诺修建两座教堂和一些慈善机构，作为交换教皇正式同意了这桩婚事。

彼时威廉已无心关注其他事情。安茹伯爵已经进军毗邻的曼恩，占领了边境地区的几座城堡。诺曼底和邻邦都受到威胁。法王亨利向来忌惮过于强大的封臣，于是与威廉组建了一支远征军，阻止安茹伯爵继续进军。威廉抵达后，一座毗邻城市的居民做出了糟糕的决定：将兽皮挂上城墙并用棍棒击打，嘴里高唱“皮匠的皮拿去卖”——

* 查理曼的“罗马”皇帝头衔于962年被德意志国王奥托一世夺走。虽然德意志通常被称为“神圣罗马帝国”，但为了表述清晰，作者还是将这个国家称为“德意志帝国”。

非常隐晦地讽刺了威廉卑微的出身及其母亲的职业。愤怒的公爵做出了回应：他抓捕了32名战俘，当着全城人的面砍掉他们的手脚。剩下的人很快投降。

整个战争过程短暂，（如果诺曼人的资料确实可信）骑着战马的威廉展示了自己的英勇和驾驭力，连安茹伯爵也深深折服。在一次战役中，这位诺曼底公爵只派出两名孩童潜入城堡放火，便赶走了守军。然而，他的足智多谋最终导致事与愿违。威廉的进军速度令亨利国王感到不安。亨利迅速转变立场，与安茹伯爵结盟，掉转矛头攻击狂妄的公爵。

国王的背叛令局势变得尤为危险，因为巧合的是威廉的两位叔父也同时叛变。所以威廉决定撤军，等待时机。法王没有遇到任何抵抗，对自己的成功非常自信。亨利将军队一分为二，让他的兄弟带领其中一支进军鲁昂，自己则带另一支清剿乡村地区的守军。但不幸的是，国王的兄弟完全不堪大任。

抵达诺曼底后，他甚至连最初步的夜间准备都停止了。他的军队在小村庄莫尔泰梅（Mortemer）安营扎寨，士兵们放松警惕，饮酒作乐，醉酒后不派任何人站岗守卫便倒头大睡。午夜时分诺曼底军队发起进攻，这支军队几乎全军覆没。威廉把战果告诉了亨利：他派一位使臣爬到树上，高声宣布战况，消息传到了亨利的军营。于是亨利谨慎地撤军。没有了法王的支持，叛军土崩瓦解。

如果说有什么改变的话，那便是这次侵略的失败令威廉更加强大。公爵的军队名望大增，震慑了他的封臣，降低了叛乱的可能性，强化了公爵对领地的控制。他在胜利之后对叛徒宽宏大量。两位叛变的叔父遭到流放，但他们都获得了可观的薪俸，数额与公爵之子可以获得的相当。

然而，亨利与威廉的恩怨没有了结。法王之前明显低估了这个危险的年轻人，他需要尽早削弱威廉的威望，以免其变得过于强大。公元 1057 年，他再次与安茹伯爵结盟，进军诺曼底南部，决心推翻威廉。这一次，所有的盟军整合为一支军队，统一向海岸地区进军。

此时诺曼底已无叛乱之忧，因此威廉的处境要强得多。但他不想拿自己新建立起来的公信力作为赌注，与一支规模更大的军队对抗。他很愿意玩拖延战术，不与法王的军队交锋，直至良机出现。这一策略再次奏效。国王不知道当地的潮汐情况，当他率军穿过一片布满沼泽的河口时，上涨的水位将军队一分为二。威廉发起突袭，令困在水中的盟军一片恐慌，许多士兵溺死在海中。国王和伯爵无能为力，只能在彼岸眼睁睁地看着灾难的发生。

这场失利严重打击了法王的威望，尽管他成功逃离诺曼底，但从此不复往日的荣光。三年后，国王和安茹伯爵相继去世，法兰西的政治局势急剧变化。新国王年仅 8 岁，安茹伯爵更是死后无嗣。伯爵的两个侄子为了争夺权力发动了内战；狡猾的威廉则尽其所能将事态延续。威廉公爵有生以来第一次远离外部威胁。

此时的诺曼底前所未有地自信。尽管局势动荡，但它比周边邻邦更加富裕，吸引了上层移民纷纷涌入。来自帕维亚（Pavia）的知名教师兰弗朗克带来了年轻的圣安塞尔姆（St. Anselm），推动了迅速遍及法兰西的文学复兴。一个庞大的犹太人群体定居鲁昂，将这里发展成商业中心，奢侈名酒的贸易走向繁荣。收入的增长使贵族受益，他们反过来修建新的修道院和教堂，进一步推广了学术复兴。

威廉正遇上人生中独一无二的重要机遇。30岁出头的他没有内忧外患的挑战，国库充盈，拥有一个自信的公国，似乎一切都在他的掌控之中。快活而自信的他将目光投向了英吉利海峡对岸的富庶王国。

第六章

盎格鲁-撒克逊王国

Chapter 6

The Anglo-Saxon Kingdom

英格兰是正待采摘的成熟果实。60岁出头的“忏悔者”爱德华身体状况糟糕，膝下无子，看来时日无多。对威廉更有利的是，这位老国王显然支持诺曼人，身边都是诺曼谋臣，并将至少三个教区的主教职位和伯爵爵位赐予了法国人。爱德华比威廉年长二十多岁，是威廉的表亲，长期流亡诺曼底，并与公爵家族建立了密切的关系。按理说二人可能关系紧密，爱德华甚至可能提议威廉为自己的继承人。*然而，这位诺曼底公爵并非公元1066年唯一觊觎英格兰王位的人。

长期以来英格兰的实权都不在国王手中，而是由一个叫作戈德温

* 诺曼人的资料对于爱德华想让威廉成为他的继承人表示怀疑。即便威廉获得了诺曼人的支持，这也实在令人难以置信。事实上，在其统治期间，爱德华对许多人许诺了继承权，从而使他的真实想法看起来摇摆不定。这种做法虽然危险，却也十分精明，能够抵消戈德温家族的影响力。

的重量级人物掌握。他的身世不为人知——似乎故意不说清楚。他第一次登上政治舞台，是在“忏悔者”爱德华的父亲“决策无方者”埃塞尔雷德被逐出英格兰，危机爆发期间。维京国王克努特入侵英格兰，在随后的战争中戈德温选择为盎格鲁-撒克逊人的抵抗提供支持。这本该终结他的政治生涯，但这位狡猾的英格兰人辩称正是顽固的反抗才真正证明了自己的忠诚，而且居然说服了克努特。毕竟，英格兰的权贵都宣誓过忠于本国国王，但大多数人在局势开始不妙时纷纷转投克努特。谁敢说他们将来不会同样背叛自己的新国王？然而，戈德温恰恰相反，他坚守自己的誓言。

也许是受到这番说辞或者其本人的打动，克努特封戈德温为威塞克斯伯爵，并把他作为谋臣留在身边，甚至让其陪同自己返回丹麦。公元 1035 年，随着克努特的去世，戈德温已经成为国家最有权势的人物之一，他仍然身居高位，在克努特两个儿子先后统治期间继续担任谋臣。这一时期他开始与“忏悔者”爱德华产生交集。

爱德华和弟弟阿尔弗雷德随着父亲的流亡而客居诺曼底。生活在英吉利海峡对岸的兄弟二人，成为令克努特之子“飞毛腿”哈罗德（Harold Harefoot，又称“兔足王”哈罗德）头疼的王位竞争对手。哈罗德写信邀请二人返回英格兰，在信中暗示可以协商分享权力。爱德华似乎找不到合适的护卫陪同前往，但阿尔弗雷德迅速返回英格兰，结果当即被戈德温的手下逮捕。戈德温掌握着反对者的命运，情况十分有利。如果他选择支持阿尔弗雷德，也许就可以掌控新政府。但相反的是，他已经享有权力和威望，支持一个乳臭未干的流亡稚子没有什么意义。因此戈德温忠实地将阿尔弗雷德交给国王。随后，阿尔弗雷德眼睛被刺瞎，不久便死去。

也许这是正确的政治策略，但谋杀阿尔弗雷德一事激怒了公众，从此玷污了戈德温的名誉。他宣称自己是无辜的，谎称没有亲自采取行动，但也无法洗清自己的罪名了。这是一个严重的问题，因为维京人在英格兰的统治时间出人意料地短暂。“飞毛腿”哈罗德在位五年便因病去世，其兄弟之死则更加令人印象深刻：彼时他正要在婚礼上为新郎新娘祝酒。

于是，丹麦国王成为最接近王位的男性继承人，但英格兰越发厌倦维京人的统治，期待着本土王朝的回归。政坛幸存者戈德温选择支持仍流亡诺曼底、不被看好的爱德华。此举非常高明。年近 40 的新国王生性懦弱，极易摆布，而野心勃勃的戈德温胸怀大略。英格兰有 6 个伯爵爵位，而戈德温意图让 6 个儿子获得这些爵位。更有利的是，爱德华仍然单身，而戈德温正好有一位适龄的女儿。如果他自己无法登上王位，至少也能成为王朝的奠基人之一。

最初几年一切都按照他的计划进展顺利。女儿成为王后，他的家族掌控着英格兰三分之二的土地，两个儿子成为权倾一时的伯爵。他没有料到国王对自己这个专横的权臣积怨日深——特别是对于国王至亲之死他脱不了干系，这一点众所周知。

爱德华还有更多憎恨戈德温的理由。这个讨厌的家族从来没有离开国王的视线。他们在他的王宫周围，在他的议事厅，甚至在他的床边。没有他们，爱德华根本无力统治，但他也尽其所能地反击。戈德温的长子斯韦恩是家族的败类，一次他绑架并强奸了一名修女。爱德华趁机公开批评了这位权臣。然而失宠的斯韦恩无视指责，杀害了自己的堂兄弟，于是国王不顾戈德温的极力抗议，将这位年轻的贵族流放外地。第二年伯爵的处境更加糟糕。国王身边一位诺曼谋臣卷入多佛（Dover）的一桩事件，令几个居民丧命。由于多佛是戈德温的领地，国王聪明地命令他对这座城市加以惩罚。戈德温意识到国王试图激怒自己的家族，也感觉到公众对爱德华身边外国谋臣的不满，于是他断然拒绝，并集结军队。

宫廷上反对诺曼人的气氛本应该十分紧张，但这一次伯爵严重地误判了形势。尽管互相仇视，但务实的英格兰人并不愿为了这些不受欢迎的法兰西人陷入内战。随着国王召集了自己的军队，戈德温的军队开始瓦解。众叛亲离的局面令他深感震惊。戈德温问国王自己要怎么做才能恢复和平。想必爱德华的回答令他毛骨悚然。据说他的答案是：“把我的弟弟阿尔弗雷德还给我。”

戈德温携带大部分个人财富，循着唯一可行的路线逃离了英格兰，彼时他拥有的财富几乎可与国王匹敌。尽管遭受挫折，这位伯爵仍有不少有利条件。国王也许一时势头正盛，但不会持久，而戈德温还有强大的盟友，正在国内调解冲突。

然而，最重要的因素在于国王本人。爱德华向来不善于挑起冲突。他经常愤怒，但之后会变得温和，通常会原谅所有人。他过于懦弱，经常让步；戈德温迟早会卷土重来。

事实证明，戈德温的流亡生涯只持续了一年。他在佛兰德斯避难的同时，干练的儿子哈罗德来到爱尔兰的家族领地，寻求额外支持。随后他们二人共同返回英格兰，一登上海岸便受到英雄般的欢迎。诺曼人的宫廷影响力令民众的不满情绪再次升温，人们纷纷投到戈德温的旗下。双方再次集结军队，戈德温高声宣示自己的清白，但这一次声势可不在国王这边。他的召唤大多遭到无视，显然他不得不对伯爵妥协了。

戈德温交出一子一孙作为人质，并再次发誓自己与阿尔弗雷德之死毫无关系。国王则极不情愿地宣布恢复他的权位和荣誉。戈德温大获全胜，唯一美中不足之处便是人质的命运。他们被一位诺曼大主教保护起来，但由于宫廷中反法情绪的蔓延，这位主教带着两个男孩逃回诺曼底。威廉公爵俘获了他们，旋即声称他们是被移交给自己的，体现了对他登上公爵之位的支持。然而，彼时威廉只是一个遥远的威胁，因此并没有得到多少重视。

这次最近的行动打击了戈德温，他的健康状况迅速恶化。在第二年的复活节宫廷活动中，他突然中风，丧失了行动能力，不久便去世了，时年 60 岁。*

幸运的是，戈德温仍有四个儿子人在英格兰。长子哈罗德迅速继承了父亲的权位。经过他的稳妥处理，宫廷的紧张局势逐渐平息。新伯爵刚刚 40 岁出头，身材高大，英俊潇洒，更重要的是他太过年轻，不可能牵涉阿尔弗雷德之死。看起来他平易温和，善于缓和众人的情

* 根据诺曼人的政治说辞，戈德温在愤怒地否认他参与谋杀阿尔弗雷德的陈年指控时，被一片面包噎死了。

绪。根据一部关于他的生平传记，他“能妥善地容忍矛盾，从不报复”——这一特质在任何时代的权贵身上都很少见。

哈罗德过于低调，不露声色，无法像戈德温那样粗暴地支配国王。相反，他似乎利用自己巨大的领导魅力为爱德华频繁的失态而道歉，安抚那些被冒犯的贵族和邻邦，缓和国王愤怒的情绪，维护他的自尊。按照11世纪的标准，哈罗德具备良好的教育背景。他收藏了一批驯鹰术书籍，可能通晓法语、挪威语、佛兰德斯语、英语和一些拉丁语，在沃尔瑟姆（Waltham）建立并赞助了一所世俗大学。他周游各地，甚至前往罗马朝圣。据当时记载，他“态度过于警惕，一路穿过各种埋伏，奔向目的地”。

由于年事已高，爱德华将日常政务转交哈罗德处理，自己则全心关注威斯敏斯特大教堂的修建——这是他统治时期的一项宏大工程。哈罗德掌管国事的地位得到公众的普遍认可。他被称作“subregulus”，意思是“一人之下万人之上”，人们甚至称他为“Dei Gratia Dux”（承上帝洪恩的公爵），这样的称呼通常只有皇室才能使用。事实证明，他是一位细心的总管，处理外交事务比爱德华更加有力，这主要归功于他的铁腕领导。与国王不同，他也是一位优秀的勇士，愿意在必要的时候准备战斗。他在强大的威尔士边境（Welsh Marches）* 初试牛刀，英勇不凡，他的劲敌的首级被当作礼物献给他，以求得和平。然而，和所有贤能统治者一样，他知道暴力的局限性。

* 威尔士边境是中世纪英格兰和威尔士之间一段崎岖不平的边界，而且众所周知，非常不好控制。

如果可以，他总是更倾向于不流血的协商。哈罗德用非暴力手段平息了至少三起叛乱；这些都是他外交策略的成果。

到了公元 1057 年，“忏悔者”爱德华显然不会育有子嗣了。出于个人意愿或是生理缺陷，这位国王从未与戈德温的女儿同房。有人认为，抗拒戈德温的女儿是爱德华反抗他的一个小小尝试，但导致的实际结果是国家要开始寻找王位继承人了。他们发现皇室有一位男性亲属生活在匈牙利，于是派出一个代表团将他接回国。然而，此人抵达英格兰不久便去世，只留下一个 5 岁的儿子埃德加。显然，这个男孩过于年幼，无法继承王位，但这一危机看似已经避免。爱德华只需要活到埃德加成年即可。

一切看起来都有条不紊，哈罗德做出了一个重大决定：离开英格兰，前往诺曼底。他这么做的原因我们不得而知——贝叶挂毯只显示他不做任何解释便登船离去。随后，诺曼人宣称他来诺曼底，是为了确认威廉是否要求登上王位；但英格兰人则用同样不太可能的一种解释加以辩护：他出海捕鱼，但因海风偏离了航向。但哈罗德可能性更大的动机则是要确认被囚禁在鲁昂的兄弟和侄子是否获释。然而，不管目的是什么，哈罗德的船只被迫登陆邻邦蓬蒂厄（Ponthieu）。他被当地的伯爵俘虏并关进监狱。

威廉简直不敢相信自己如此幸运。可以说王位的主要竞争对手落入他的手中。公爵迅速要求蓬蒂厄伯爵交出哈罗德，将他护送至鲁昂，盛宴款待。随后，他亲自向哈罗德展示武力，邀请他加入反对邻邦布列塔尼的战争。哈罗德一如往常地展现出自己的才华，演习期间给东道主留下了深刻印象——贝叶挂毯显示他将两名诺曼士兵从危险的流沙中拉出来——但他不能对自己所处的危险境地抱有幻想。尽管吸引了大量关注，但众所周知他只是一个囚徒。刚返回鲁昂，大家就清楚威廉提出什么条件方才释放了哈罗德。

哈罗德被迫宣誓支持威廉登上王位，并在自己的权力范围内倾尽全力帮助威廉成为英格兰国王。仪式结束后，哈罗德获释。尽管他不得不告别自己的兄弟——二人从此再未见面，至少令他宽慰的是，他见到了侄子，而且威廉同意给其自由。然而，前往英格兰的返程之旅或许并不美好。

抵达英格兰后，他发现另一场危机正在酝酿着。弟弟托斯蒂格被任命为诺森布里亚伯爵，但因治理不善，引起臣民不满。他们闯入托斯蒂格的家中，将所有能搬走的东西全部掠走，将逃跑不及的人全部杀死，并扬言如果他胆敢再来约克，将会面临同样的遭遇。彼时托斯蒂格正陪同国王狩猎，得知消息后彻底惊呆了。爱德华似乎与托斯蒂格关系亲近，这一消息惹怒了生性暴烈的他。国王迅速召集军队，但反响冷淡。显然采取军事行动已经不可能了。由于哈罗德本人认识所有相关人士，包括诺森布里亚的叛军首领，国王派他作为官方使者前往处理叛乱。哈罗德在诺森布里亚陷入两难。叛军首领明确表示绝不同意托斯蒂格返回，如果不将其流放则绝不放下武器。哈罗德要么支持家族，令国家陷入内战，要么背叛兄弟，将其流放。

经过一番深思熟虑，哈罗德选择了后者。为了国家利益，必须牺牲托斯蒂格，将其流放。国王勃然大怒，疾病第一次发作，几乎丧命，但他也无能为力。托斯蒂格一直没有没有原谅哥哥，他逃往苏格兰*，试图召集军队，入侵诺森布里亚。

英格兰人没有时间考虑这位被贬黜的伯爵，或者担心北方的威胁。“忏悔者”爱德华即将去世，必须要选定一位正式的继承人。公元 1065 年 12 月，国家的领导机构——贤人会议召开，与会者绝望地看着国王，听其指教。问题是国家没有一个显而易见的选择。哈罗德是最受欢迎的候选人；十年来他承担了政府治理的重任，显然具备成为贤君的资质，但此人没有王室血统。另一方面，小男孩埃德加血统纯正，但凭良心说大家不能在如此危急的时刻将国家交给一个孩子。诺曼底的威廉当然大声宣称他有继承权，但他的说服力相当弱，而且任何时候诺曼人都是可怕的敌人。贤人会议中无人考虑威廉。

爱德华始终犹豫不决，没有给出任何指导。平安夜那天他再一次发病。尽管经过恢复爱德华得以参加年度庆典，但几天后重病缠身的他无法参加其毕生心血——威斯敏斯特大教堂的封圣典礼。他陷入昏迷，但在 1 月 4 日那天清醒了一段时间，并可以开口说话。爱德华拉着哈罗德的手，指定他为继承人，并请求他照顾自己的王后。第二天爱德华与世长辞。

诺曼人愤怒地抗议，称哈罗德违背誓言，他还是在爱德华下葬的当天加冕为王。英格兰人反驳称被迫立下的誓言没有约束力，尽管他们又承认哈罗德“立誓太过于轻率”。

---

* 他到达那里之后，发现马尔科姆三世刚刚杀死至尊王麦克白。

新国王加速强化他在北方的地位，以求平息局势。他发行了刻有拉丁文“PAX”（呼吁和平的标志）的硬币，但讽刺的是在他统治期间基本没有和平可言。诺曼底的威廉正在召集大军的消息很快传来，哈罗德召集民兵，保卫海岸。

然而，春去夏来，侵略军的战舰并没有出现。哈罗德无法使民兵永远处于备战状态，因为他们只是有期限地义务服役，大多数人必须要回家完成更重要的收割任务。哈罗德命他们尽可能地服役更久，然而，随着补给耗尽，每天都有士兵逃跑，于是哈罗德于9月8日正式解散了民兵。

中世纪时期军队不在冬季作战。但此时秋季的暴风雨十分猛烈，横渡英吉利海峡变得尤为危险，因此在作战季节正式发动进攻也为时已晚。国王退到伦敦，但一个半星期后传来了惊人的消息。英格兰遭到入侵，但发动进攻的不是诺曼底。可怕的维京国王哈拉尔·哈德拉达毫无征兆地从北方发起侵略，与他同行的还有叛徒托斯蒂格。

第七章

征服英格兰

Chapter 7

The Conquest of England

托斯蒂格再次出现——而且是和维京军队一起——是一个轰动的消息，令人难以置信。甚至连托斯蒂格自己可能都感到惊讶。流放期间，他曾向数位统治者求助，但每次都蒙受耻辱，遭到拒绝。最终，他在绝望和孤独中前往挪威，并以某种方式引起了国王哈拉尔·哈德拉达的注意。

这个老维京人发动战争不需要什么令人信服的理由。即使根据那个时代的标准，他也是独一无二的人物。公元 1066 年，他已年届五十。三年半之前，他才第一次在战斗中负伤，但丝毫没有停下脚步的迹象。“哈德拉达”这个名字大概可以译为“厉害的交易者”，无视他的狡诈，结果往往就会中计，成就他著名的计谋。彼时维京诗人已经在歌颂他的毕生功绩。他身材高大，巨掌惊人，声音洪亮，留着金黄带红的胡须，从头到脚都体现出维京国王的气质。他的旗帜底色雪白，上面印有一只黑色的渡鸦，其名字恰如其分——“挥霍土地者”。哈拉尔尽管名义上是一位基督徒（他一位同父异母的兄弟后来成为挪威的守护神），但拥有两位妻子，毕生投身于两大目标：战争和藏金。

15 岁那年，他参战失利，被迫藏匿于森林，直至伤口恢复良好，可以远行。他步履蹒跚，来到俄罗斯，为诺夫哥罗德王公效力。其间他爱上了王公的女儿并向其求婚。然而，因为没有王位或财富，他遭到了拒绝。于是他前往君士坦丁堡挽救局面。对于一位野心勃勃的维京人而言，这座“众城之女王”蕴藏着无数机会。佐伊女皇是马其顿王朝最后一位伟大君主*的女儿，她安排哈德拉达进入瓦兰吉卫队服役。这支卫队是斯堪的纳维亚雇佣军的精英，也是帝国最好的部队。干劲十足的哈德拉达迅速成为卫队首领，成天忙于袭击、洗劫北非和西西里。在那里他第一次因狡诈而出名。在一次战役中军队围攻一座西西里城市未果，但哈德拉达注意到鸟儿在茅草房顶筑巢，白天飞往树林觅食。于是他命令部下捕鸟，将木片系在鸟身上并点火，然后将它们放飞。惊恐的鸟儿纷纷飞向鸟巢，结果全城陷入火海。在另一次城市围攻中哈德拉达染上疾病，养病期间他决定为自己举办葬礼。他的部下身披丧服，请求敌方同意他们在城内举行基督教葬礼。市民们愚蠢地同意了，还争论着——据我们所知——哈德拉达丰厚的

* 即巴西尔二世。辉煌的马其顿王朝统治了拜占庭帝国近两个世纪。

陪葬礼品应该归谁所有。他的部下一进城便扔下棺材，吹响了战斗的信号，隐蔽在附近的其余部队一应出动，屠杀了全城军民。

为帝国征战十年后，哈德拉达积累的财富超过了先前所有的维京人。他觉得是时候迎娶俄罗斯新娘了。他已将大部分战利品运回诺夫哥罗德妥善保管。处理完君士坦丁堡的事务后*，他带着财宝和新婚妻子返回挪威。

彼时哈德拉达的侄子是国家的统治者，因此哈德拉达发动内战以驱逐他的势力。他的侄子大度地提出共治王国，避免进一步流血。五年后，侄子很“合时宜”地去世，哈德拉达成为唯一的国王。也许其他人都会满足，但过了一两个没有战争的夏天，他觉得自己还应该成为丹麦国王。然而，丹麦人对自己的国王非常满意，有力地抵抗着哈德拉达，其顽强和韧性几乎与他不相上下。经过 15 个夏天的征讨无果之后，哈德拉达意识到自己徒劳无功，罕见地选择了停战。两年后托斯蒂格来到挪威求援，承诺让哈德拉达登上英格兰王位，倍感无聊的他没有放过这个机会。哈德拉达召集军队，登上海盗龙船，向英格兰进军。

复活节之后的星期二，“可怕的”哈雷彗星出现在天空中，成为公认的不祥之兆。哈雷彗星消失仅数周后，诺曼人登陆英格兰，看起来证实了人们最坏的担忧。北部地区的两位公爵埃德温（Edwin）和莫卡（Morcar）年仅十几岁，没有任何战斗经历。但他们在当地征兵，

* 据说佐伊女皇想要和他结婚，在遭到他的拒绝之后，佐伊将他投入地牢。当然，后来他设法逃了出来。

组建军队与侵略者对峙于约克城门一英里外的富尔福德（Fulford）。这场战斗持续了不到一小时，但它成了英格兰人的灾难。哈德拉达的武士们冲破了盎格鲁－撒克逊人的防线，将他们逼退至附近的沼泽地。根据维京诗人的描述，英格兰人死伤惨重，维京人都可以踩着他们的尸体走过沼泽，而且脚上不沾泥水。

这场战斗确定了约克的命运，这座城市迅速投降，以避免更大的屠杀发生。哈德拉达和托斯蒂格似乎相信自己一下子就征服了整个英格兰北部，他们要求约克城交出 500 名人质。要找来这么多人需要时间，因此哈德拉达同意给约克城四天时间凑齐人质，要求将人质带到约克以东 7 英里的斯坦福桥。随后几天他们回到船上，宴饮度日。

船只停泊在斯坦福桥 14 英里外的地方。约定交人质的那天天气温暖，因此哈德拉达手下多数士兵没有穿锁子甲，从容地来到约定地点。他们看见一阵尘土逼近，以为是人质来了，然而随着对方走近，哈德拉达看见了“像冰一样闪亮”的兵器。自始至终蒙在鼓里的托斯蒂格向他保证可能是族人前来支持自己，但很快事实证明绝非如此。

听闻维京人入侵的消息时，英格兰国王哈罗德正在伦敦。彼时他非凡的军事功绩足以名垂盎格鲁－撒克逊历史。哈罗德召集精英卫队，迅速出发，日夜兼程，一路上不停地召集更多士兵。仅 4 天他便行进了惊人的 200 英里。当哈罗德抵达约克时，甚至无人意识到他离开了伦敦。国王在所有的主干道上安排了守卫，因此他抵达约克的消息没有泄露。

第二天他骑马出城，与敌军对峙。国王一如既往地希望达成和平协议，请他的弟弟放下武器，承诺恢复其伯爵爵位。托斯蒂格问他："我的盟友哈德拉达能得到什么？"哈罗德回答："英格兰土地6英尺。或者多一点儿，因为他这么高。"

哈德拉达本该撤退到他的战船，那里有精力充沛的后备部队。然而，当时他已经被激怒，热血涌动。哈德拉达派三个手下去海盗船那里调动部队，自己则双手各挥舞着一把战斧，咆哮着发起了进攻。尽管哈德拉达的部队只是"半副武装"，但仍是一拨强大的敌人。这场战斗几乎持续了一整天。当船上的部队到达战场时，哈德拉达已经阵亡，喉咙被箭刺穿。然而幸存者拒绝投降，继续作战，令人胆寒。结果甚至有人丢盔弃甲，向狂暴的维京战士投降。

夜幕降临，战场上的维京部队几乎无人生还。第二天哈德拉达之子奥拉夫前来请求宽恕。疲倦不堪的哈罗德得到奥拉夫永不进犯的承诺后，将其放行。"厉害的交易者"带着240艘战船来到英格兰，但幸存的部队只需24艘船便可全部返回挪威。

哈罗德没有时间庆祝胜利。轻易向维京人妥协的举动令希望抵抗的市民深感不满，他用了一个星期整顿约克城的局势。哈罗德大摆筵席来缓解紧张气氛，但宴会中途信使突然闯入，称诺曼人已登陆英格兰南海岸城市佩文西。

尽管威廉精心策划，他的侵略仍遭遇了一系列的问题。他在法兰西全境内组建了一支精锐的部队，并建造了维京式的舰队，拥有将近700艘战船。人力物力纷纷涌向会合地点，但数次延误使他们的努力陷入停顿。天公不作美，阻碍了夏末的横渡计划；狂风突发，摧毁了数艘战船。最严重的是，威廉遇到了和哈罗德同样的问题，这个问题曾迫使后者解散了军队。诺曼底封地的地方军队只义务服役40天，之后就要像其他人一样收取酬金，这笔开支变得越发高昂。威廉等待时间越长，质疑他能否成功的人就越多。到了9月中旬，战船依然停泊在海岸，雨雾天气看起来无休无止，整个计划即将变成笑话。

9月27日，天出人意料地放晴了。威廉登上宏伟的“莫拉”号旗舰——这是妻子送给他的礼物——迅速启航。夜间渡海相对安静。第二天清早，望风人员看见了佩文西古罗马式堡垒的巨大城墙，而威廉的士兵畅通无阻地登陆。值得注意的是，长期延误反而帮了公爵的忙。假如他们按照威廉的打算在8月初登陆，就得和英军正面交手。然而，现在他们没有对手。由于中世纪军队的选择是要么迁移要么挨饿，他们一路烧杀抢掠，直逼黑斯廷斯。

200英里外的哈罗德已经开始行动。他复制了自己的伟大进军，仅用4天便返回伦敦，制订国防计划。但此时的国王身心俱疲。之前两周，他有8天在路上骑马跋涉，一整天在战场上厮杀，剩下5天拼命开展外交活动。直到现在，疲惫虚弱的哈罗德才得知威廉带来了自己在诺曼底宣誓时的证物，而且教皇下诏将自己逐出教会，支持威廉的侵略。

这是毁灭性的打击，清晰地表明哈罗德违背了誓言，可怕的是它证实了上帝的裁决对他不利。哈罗德的弟弟吉尔斯（Gyrth）请求他留在后方，不要冒险作战。他指出，哈罗德如果身亡，就会失去一切。

吉尔斯进一步建议由自己来代替哥哥出征，因为他是可以牺牲的；而哈罗德可以留在后方，召集更多部队，带走国家的物资储备。如果用武力无法打败威廉，饥饿也会击垮他。这是一个明智甚至绝妙的计划，但哈罗德当即拒绝。10 月 14 日，他召集军队登上狭窄的山脊，俯瞰黑斯廷斯的战场。

威廉的战斗计划相对简单。由于英格兰人依靠传统盾墙步行作战，他就利用弓箭手撕开盾墙防线，然后派上步兵。如果英格兰人的防线摇摆动荡，他就命令骑兵出击，将他们一举击溃。然而，实施这一计划时，英格兰人的盾墙出人意料地坚挺。骑兵冲上山后，碰上了英格兰的禁卫军，他们是精英部队，手持巨大的战斧作战。骑兵们遭遇了持续而可怕的伤亡，连连败退。看到敌军溃散，部分英军一路追击。如果英格兰全军乘胜追击，他们本可以就此终结战斗。但此时威廉阵亡的谣言已经传出，诺曼人开始陷入恐慌。事实上威廉安然无恙，他高举头盔，表明自己一切安好，并重整部队，抓捕并屠杀了下山追击的英军。

随着时间消逝，这场战斗变成了消耗战。诺曼的弓箭手和骑兵冲击开始造成伤亡，破坏了英军防线，使其逐渐收缩。双方都开始受挫。哈罗德的弟弟吉尔斯和利奥芬（Leofwine）带领两翼部队作战，双双阵亡。威廉胯下三匹战马也都被杀死。诺曼弓箭手开始调高放箭的角度，越过盾墙，这样箭矢将会射中盾墙后面毫不知情的士兵。如果史书通常的说法可信，到了傍晚哈罗德本人一只眼睛也中了箭。遭受可怕的箭伤，疼痛难忍而倒下，此时四名诺曼骑兵趁机冲了进来，将他砍成两半。

随着哈罗德的旗帜倒下，战争很快结束。夜幕降临，部分英军在树林里背水一战，杀死了不少追击的诺曼人，但大多数人只是落荒而逃。威廉停止了继续追击，开始寻找哈罗德的尸体，在哈罗德情妇的帮助下，第二天他们顺利找到。威廉命人将尸体洗刷，据说还用紫色裹尸布包上，埋在一堆石头下面。这堆石头俯瞰海岸，并刻上了墓志铭："根据公爵的命令，国王在这里安息，死后仍可以保卫海岸和海洋。"

有一个著名的说法，威廉仅用一天就推翻了英格兰的政权，但此说并不那么准确。威廉的确赢得了一场重要的战役，除掉了对手，但处境并不稳定。据他所知，反对自己的庞大地方军队正在整合力量，而他本人则被孤立在敌国的腹地，补给有限，没有增援。他还缺少葡萄酒——这是一个严重的问题，因为当地的水源造成他的部下患上了严重的肠胃感冒，甚至造成死亡。同时，年轻的埃德加在伦敦被推选为国王，那里的世俗贵族已经宣誓为新国王而战。

然而，不幸的是，英格兰缺少领袖，事实上连年过二十的人都没有几个。小国王不具备有效的领导力，等到威廉率军抵达伦敦时，英格兰人已经没有战斗的意愿。城门大开，威廉志得意满地进入伦敦。手下的士兵破坏了他的加冕礼。他们把喝彩的喊声误当作暴乱的开始，于是向城内放火。不过按照惯例，汇集的民众和贵族向威廉宣誓效忠，他也宣誓要成为明君。

毫无疑问，威廉希望人们心甘情愿地接受他的统治，不再发生冲突。但在他统治期间基本没有和平可言。哈罗德的儿子们数次尝试从爱尔兰发起进攻，逃往苏格兰的幼主埃德加在北方煽风点火，“觉醒者”赫里沃德（Hereward the Wake）不停地尝试着推翻诺曼人的统治。经过五年的残酷镇压，威廉方才控制了北英格兰，之后几年再没有出现动乱。1083 年，其妻玛蒂尔达去世，也带走了她对威廉逐渐弱化的影响，威廉迅速变得专横。他进行了多项重要改革，其中最重要的成就莫过于《末日审判书》（*Domesday Book*）——一本宏大的全国性财产汇编。但威廉从不喜欢英格兰人民或他这个第二故国的乡村。他从未学习英语，给追随者赏赐土地的习惯反倒疏远了臣民。对英格兰人而言，他一生都是残忍的外国暴君。他在伦敦修建的、位于伦敦塔中心的白塔就是最典型的象征。

胆大的威廉在诺曼底的家中停留了尽可能长的时间。1087 年，他在诺曼底去世。在一次围攻城堡的战役中，威廉的战马突然后腿直立，他猝不及防，撞到前鞍，受到胃部破裂的致命伤。他去世时年仅 59 岁，临死前他赦免了自己的政敌。威廉将他的王国分给三个儿子。显然，他把最钟爱的诺曼底公国留给了长子罗贝尔，把英格兰王位传给了次子威廉·鲁弗斯（William Rufus），而幼子亨利获得了 5000 镑银币。

他的遗体过于肥大，无法装进棺材。三个儿子为了遗产继承的问题争吵不休，好几天都没有人料理威廉的后事。当人们强行将他塞入教堂地下墓室时，尸体竟然胀裂。葬礼仪式草草结束，威廉迅速入土。威廉对英格兰的伟大征服——也是外国侵略者最后一次成功地征服英格兰——将英格兰与欧洲大陆联结起来，从长远看，欧洲和西方受益无穷。但对于亲历者而言，战争并不美好。

据估计，战争结束后的20年共有20万法国人和诺曼人在英格兰定居，而五分之一的本土英格兰人丧失性命：要么惨遭杀害，要么因为农业财产或土地遭到掠夺而饿死。法语取代英语成为宫廷语言，几乎所有的盎格鲁-撒克逊时代的重要人物都从历史舞台上消失。英格兰人被迫目睹他们的领袖陷入贫困、锒铛入狱、受虐致残或惨遭杀害。统治者征收重税，强行驱离居民并将其居住地改造为皇室狩猎森林，还通过了一系列不利于本土居民的惩罚性法律。但最令人痛恨的就是威廉在英格兰各地修建的城堡，它们均是耗费英格兰的人力财力兴建起来的，成为诺曼人压迫英格兰的显著象征。

征服英格兰还产生了另一个问题。诺曼底统治者向来都是法兰西国王的封臣，吞并英格兰并没有改变这一事实。如今英格兰国王不得不举行仪式，向诺曼底的领土致敬。过去任何一位英国君主都不会这么做。当时法兰西的君主统治虚弱，但当他最终宣示自己的权威时，却引发了长达百年的战争，这场战争将英格兰人从法兰西驱逐了出去。

英格兰人心怀渴望开始回顾哈罗德短暂的统治时期，一个故事自然而然地开始流传：哈罗德并没有在黑斯廷斯战役中死去，而是以僧侣的身份继续生活。他的家人落入诺曼人的手中，不出意料惨遭可怕的折磨。战前他们曾是首屈一指的达官显贵，但一夜之间财富和地位消失殆尽。哈罗德的儿子和兄弟们纷纷被捕，要么遇害，要么沦为阶下囚，妻子和女儿们被流放至不同的地方。其中一个女儿吉莎

（Gytha）逃往俄罗斯西部，与基辅大公结婚。他们的孙女嫁给了丹麦王子，二人生下一子，这个孩子后来成了丹麦国王。这位丹麦国王的后代中就有当今的英国女王伊丽莎白二世。完全可以说，如今的英国皇室融合了哈罗德和威廉的血统。

最后需要补充的是，英国在巴约竖立了纪念碑，缅怀第二次世界大战中诺曼底登陆时牺牲的战士。纪念碑下方一块牌匾上刻着一行字："曾被威廉征服的我们如今解放了征服者的祖国。"

第八章 铁臂者

Chapter 8
Bras de Fer

对英格兰的征服也深刻地改变了诺曼底。将近一代人告别了旧时的混乱——威廉的童年时期除外，而稳定的代价就是公国的年轻一代大批离开本土。年轻的贵族曾习惯于用自己的方式掌控一切，但如今他们很快发现：一个强势公爵的统治意味着他们将失去大量的自由、机会和权力。随着私人城堡的拆除、地方权力的消失，他们当中越来越多的人开始前往国外寻找机会。

11 世纪将成为诺曼历史上的伟大时期。尽管"征服者"威廉第一次进入伦敦已经成为诺曼历史的关键时刻，但这还不是诺曼人最伟大的征服。足以引人注目的是，这些最伟大的征服都是同一个家族的成就。这个家族的祖先不是显贵富豪，只是一名普通的骑士，名叫奥特维尔的坦克雷德。他是第二代诺曼人，其祖父跟随罗洛来到诺曼底。

他定居在诺曼底南部一片狭小的土地上。事实上人们只知道他很能生育，此外便对他几乎一无所知。他育有一群不知名的女儿，和第一个妻子平安生下了5个儿子，和第二个妻子生下了7个儿子。由于家庭相对贫困，子女众多也是一个问题。一旦年龄到了，他们无法给子女留下足够分配的遗产。

解决这一问题的传统方式只有两种。这些男孩可以将遗产分为12份，每个人得到的数额极少，不足以维持生活；他们也可以相互竞争，胜利者获得全部遗产。幸运的是，此时一位叔父从意大利朝圣归来，他建议这些更年轻的孩子去那里试试运气。

11世纪初，第一批诺曼人以朝圣者的名义踏上了意大利半岛。他们前往耶路撒冷，途中曾在意大利小镇蒙泰圣安杰洛（Monte Sant' Angelo）停留。这座小镇坐落于阿普利亚乡间绵延起伏的石灰岩山丘中，看起来是一个特别重要的地方。古罗马人为医术之神阿斯克勒庇俄斯（Asclepius）之子建造了一座颇受欢迎的神殿，同时传说中这座山也是《伊利亚特》中希腊伟大预言家卡尔卡斯（Chalcas）的圣山。由于公元5世纪天使长米迦勒的适时出现，异教的衰落并没有减弱它神秘的光环和盛誉，反而使其进一步增长。到了11世纪，出现天使的洞穴已成为朝圣路上的重要一站。教皇、国王和圣徒纷纷前来，希望共享这天国的神秘。奇迹般康复的信徒纷纷捐赠，赠品布满了毗邻小教堂的墙壁。就连最有权力的世俗统治者也感受到了这种吸引力。德意志皇帝奥托三世（Otto Ⅲ）从罗马赤足步行，他的继承人亨利二世没那么虔诚，只在洞穴里藏了一夜，只为验证天使长米迦勒和加百列是否真如传言在午夜出现，主持弥撒。

然而，公元1016年时最重要的访客才来到这里。40名谦逊的诺曼骑士从圣地返回，途中在洞穴停留并致敬。他们刚走进去，一个身穿希腊式长袍的小个子男人走过来乞求帮助。此人名叫梅卢斯（Melus），一生致力于伦巴第自由事业，但遭到拜占庭的流放。他声称自己只需要一支强力的雇佣军，赶走怯懦的拜占庭人，解放伦巴第人。令他高兴的是，诺曼人马上同意相助。他们当然不可能马上施以援手——作为朝圣者来到这里，马上就参与战争是非常不合适的。但他们承诺将在一年之内回来。

真正激发诺曼人的并非道德高尚和兄弟情义的呼吁。他们普遍轻视南方人，尤其是伦巴第人。不久之前，他们目睹撒拉逊人攻击萨勒诺（Salerno），对当地人的懦弱感到震惊。在他们看来，意大利人软弱且毫无男子气概，落到屈从于人的境地完全是咎由自取。然而，梅卢斯非常了解诺曼人，请求援助时便用金钱和土地加以诱惑，就此激发了诺曼人的想象。凝望着阿普利亚阳光普照、蜿蜒到眼前的乡间小路，他们当然乐于抓住良机，在这片美丽的土地上立足。

诺曼人与伦巴第的联盟非常短暂。即使诺曼部队加强了他们的武装力量，仍在第一次实际交战时被拜占庭军队一举击溃。然而，这场战斗足以向拜占庭证明诺曼部队的价值，他们迅速雇用诺曼人回过头来镇压这群麻烦的叛乱分子。诺曼人就这样轻易地放弃了伦巴第的自由事业，正如当初迅速接受一样，然后高兴地执行拜占庭帝国的意志。

奥特维尔的长子威廉大约于公元1035年抵达意大利，彼时伦巴第最后的反抗力量也即将被消灭。就在他抵达后的几个月之内，拜占庭皇帝决定征服西西里，大张旗鼓地召集雇佣军。威廉和手下的300名骑士迅速响应。

拜占庭正处于马其顿王朝的辉煌时期，帝国已经在与哈里发国的战争中扭转了局势，正在全力消灭东地中海地区的穆斯林海盗。随着1025年“保加利亚屠夫”巴西尔二世去世，马其顿王朝的路线就此终止。然而，尽管后继的皇帝软弱无能，巴西尔缔造的军队依旧强大，在叙利亚境内、安纳托利亚和北非沿岸赢得了一系列战争的胜利。如今帝国军队转向西西里，希望清除这个主要的海盗老巢，得到一片富饶的土地，给帝国带来粮食、棉花、糖和果树。当下看起来是一个特别有利的时机。西西里爆发了内战，贵族势力分裂，中央权威崩溃。此外，西西里相当一部分人口仍是基督徒，完全可以成为值得信赖的第五纵队。

拜占庭皇帝选定政坛后起之秀乔治·曼尼亚克斯（George Maniaces）担任这场侵略战争的总指挥。曼尼亚克斯魅力超凡、固执己见，各方面都不同寻常，他的名望和他的体格一样引人注目。他的出现甚至震慑了向来镇定的宫廷。根据拜占庭历史学家米海尔·普塞洛斯（Michael Psellus）的描述，这位将军身高10英尺，一声咆哮就可以令整支军队丧胆。他最后写道：“人们第一眼看见他，就发现任何描述都显得过于低调。”

他的崛起速度之快出乎意料。十年前他在小亚细亚一座鲜为人知的城市泰鲁什（Teluch）执政，若不是帝国一次不幸地蒙羞，他也许永远都无法获得提拔。倒霉的皇帝罗曼努斯·阿吉鲁斯（Romanus Argyrus）为了增强军队的名誉，发动了与哈里发国的战争。然而，就在他经过泰鲁什以北地区时，遭到了撒拉逊骑兵的伏击。皇帝灵机一动，更换服装，方才顺利逃脱，但他的部队七零八落、落荒而逃。撒拉逊人满载着劫掠来的皇室辎重，前往泰鲁什，幸灾乐祸地把拜占庭惨败的消息告诉曼尼亚克斯，还添油加醋地声称皇帝已死、全军覆没。由于夜幕降临，他们大胆地宽限他到第二天早上再投降。撒拉逊人表示，如果曼尼亚克斯拒绝投降，必将遭到可怕的惩罚。

曼尼亚克斯表现得十分惊慌，向撒拉逊人保证他会在次日天一亮就带着全城的财宝前往他们的军营。为了做出好的姿态，他送来了大量的美酒和食物，以供这支胜利之师享用。送酒有着特别的目的：撒拉逊人干渴难耐，而且正想庆祝一番。他们很快酩酊大醉，而曼尼亚克斯的部队趁机潜入他们的营帐，屠杀了所有人。完成这个血腥的任务后，曼尼亚克斯下令割下死尸的耳鼻，将这些恐怖的战利品装入麻袋。第二天早上，他骑马出城，找到了逃亡的皇帝。他向皇帝汇报了胜利的消息，然后倒出袋子里的战利品。欣喜的皇帝当即提拔了他。

即使像奥特维尔的威廉这种自以为是的年轻骑士，也一定会佩服曼尼亚克斯召集的军队。除了征用意大利冒险者的常规雇佣军和抱怨不休的伦巴第人，他还带来了一支凶猛的保加利亚军队和一些瓦兰吉卫队，彼时后者的指挥官哈拉尔·哈德拉达已经成为维京英雄和半个传奇人物。

起初这支军队攻无不克。墨西拿率先沦陷，随后特罗伊纳（Troina）

和罗梅塔（Rametta）也相继失守。两年之内东部12座要塞沦陷，只有锡拉库萨尚能坚守。当地的埃米尔英勇抵抗，一次次挫败了侵略者的强攻，而一次次的失败也打击了他们的士气。在拜占庭又一次惨淡的攻城失败后，城门突然大开，埃米尔率军出击。拜占庭人对这次突袭措手不及，惊慌撤退。眼看着拜占庭就要遭遇一场溃败，城墙另一边的威廉看到险情，迅速采取行动。威廉发动了所有能召集的部队，向埃米尔发起冲击。战情迅速扭转，埃米尔不仅丧命，而且几乎被砍成两半。士气低落的撒拉逊人退回城中，但已无斗志。他们要求停战。

威廉的突击不仅将锡拉库萨送给了拜占庭，更重要的是奠定了奥特维尔家族的名誉。从那天起，“铁臂”威廉声名鹊起，并毫无争议地成为南方诺曼人的领袖。返回意大利半岛的他成为当时最重要的人物，并开启了更宏大的诺曼时代。雇佣军的时代过去了。现在诺曼人为自己而战。

诺曼人开始意识到自我价值，而同时拜占庭则处于艰难的时刻。尽管战场上接连获胜，但军事行动开始分崩离析。皇室始终对功高盖主的将军心存疑虑，减缓了补给船运。雇佣军的酬金停止发放，战利品的分配也引发了争执。诺曼人派出一位伦巴第特使，对曼尼亚克斯提出正式抗议，令事态发展到紧急关头。性急鲁莽的将军认为这是在侮辱自己，便对此人施以鞭笞惩罚，并押其在营中游行示众。沮丧的诺曼人离开了这支远征军，强烈抗议他们所遭受的不公待遇。

尽管这次远征以这样的方式结束，但威廉出征西西里非常成功。他也吸取了宝贵的经验。西西里富饶但四分五裂，那里有许多基督教同盟，可以对任何侵略施以援手。他记住了这个重要信息，静待更恰当的时机。时机一到，奥特维尔家族将会充分利用。

同时，威廉开始展示力量。他重燃旧时对伦巴第的同情，鼓励当地人叛乱，并率领由诺曼人和伦巴第人共同组成的军队入侵阿普利亚——拜占庭治下意大利最富饶的地区。梅尔菲（Melfi）向“解放者”打开城门，诺曼人获得了第一个真正意义上的意大利据点。一年内威廉获得了对周边领土的控制，包括一系列繁荣的贸易、渔业城镇。这些城镇生产大量的粮食、橄榄、蔬菜和水果，成为（和现在一样）闻名的“富饶的阿普利亚”。此举激怒了当地的拜占庭官员，他们发起战争。双方在坎尼对垒。

对于迷信的两军而言，这是一个不祥之地。1200年前迦太基将军汉尼拔在此横扫罗马执政官的军队，让这个地方遭受了罗马历史上最耻辱的失利。罗马公民惊恐失措，在最后一次有记载的活人献祭时，他们在广场上活埋了两人，又把一个婴儿扔进亚得里亚海。诺曼人也曾在此遭遇灾难。20年前，一支拜占庭军队曾重创诺曼和伦巴第联军，只有10名诺曼骑士生还。

即便在这片不祥之地作战令威廉心存疑虑，他也没有流露这种情感，而是时时展现出自信。尽管敌众己寡，但威廉的自信主要是基于他们不用再面对可怕的曼尼亚克斯：这位伟大的将军遭到宫廷政敌的算计而失宠，并被召回国内。

他的麻烦始于腰缠万贯、人脉优越的罗曼努斯·斯凯勒鲁斯（Romanus Sclerus），后者指责他侵犯自己的领土。正处于人生巅峰时期的曼尼亚克斯不善于控制脾气，过分失态，像一个野蛮人一样痛击了这位贵族。罗曼努斯恢复后发誓报仇，趁这位将军不在国内时洗劫了他的住宅，烧毁了他的田地，最后还勾引他的妻子。第二年罗曼努斯在宫中不停地损害曼尼亚克斯的名誉，最终说服皇帝将他召回。

曼尼亚克斯走后，拜占庭再无将军可以担当重任，与诺曼人作战。威廉向来精于选择时机，知道现在他只需要挑起战争。拜占庭派出使者来到威廉帐中，等待他的却是可怕的“欢迎”。可怜的使者刚开始进行准备好的热情演讲，一个诺曼骑士不知不觉地走过来，突然给他的坐骑额头一击。受惊的马当即倒地，把使者甩了下来。一群士兵抓住了使者，而另一拨士兵抓住马，将其扔下悬崖。士兵们摇晃着惊恐的使者，让他站起来，另给他牵来一匹马，告诉他不要再讲废话浪费时间。他们说：“回去告诉你们的皇帝，诺曼人做好了开战的准备。”

尽管诺曼人只有300名骑士和600名步兵，他们仍被视作严重的威胁，拜占庭十分需要精英部队瓦兰吉卫队的存在。不过，帝国军队无法抵抗诺曼重骑兵，多数人在逃亡途中过河时不幸溺死。两个月后，随着亚洲兵团的加入和庞大的西西里军队回归，拜占庭再次发起战斗，但再次失利。

战胜可憎的拜占庭人为威廉赢得了巨大的声望。他利用自己的声望在拜占庭其他地区唤起反叛。

君士坦丁堡方面最终意识到形势严峻，迅速派出了可以扭转局势的人。那年春天曼尼亚克斯返回意大利，镇压曾经率领的雇佣军。他用可怕的暴力痛击诺曼部队，对所有忠诚动摇的城镇都采取野蛮行动。他们折磨不同政见者、强奸妇女，还将儿童掩埋到颈部并弃之至死。残暴的策略生效了。支持造反的地方势力消失了，诺曼人成为众矢之的，处境危险。

然而，拜占庭军队已不复当年之勇。他们受到钩心斗角的宫廷掣肘，最终自我毁灭。曼尼亚克斯以壮丽的方式结束了一生，其间几乎令整个帝国臣服。他的死敌罗曼努斯·斯凯勒鲁斯又谋划了羞辱性的召回，但这一次他跨越了雷池。斯凯勒鲁斯禁不住诱惑，想亲眼见证这位死敌的不满，于是前往意大利亲自传递皇帝的召回令。不幸的是，曼尼亚克斯并未优雅地接受命令。他派人擒下斯凯勒鲁斯，往他的耳朵、鼻子和嘴里塞满了马粪，然后将他慢慢折磨至死。他愤怒地咒骂君士坦丁堡的君主，自立为皇帝，并向首都进军。整个拜占庭没有任何将军可以抵挡他。抵达萨洛尼卡（Thessalonica）后，他只差一顶皇冠了。然而，他在这里遭遇了致命的打击。在与帝国军队的小冲突中，曼尼亚克斯意外地被一支飞矛刺死，他的军队旋即土崩瓦解。幸存的叛军被迫倒骑在骡子上，前往赛马场*游行示众，拜占庭得以免遭更多的屠戮。

由于军事手段无法有效恢复意大利的形势，君士坦丁堡方面转而采用屡试不爽的贿赂方式来削弱叛军。拜占庭向叛军首领许以大量赏金，促使其转变立场。他们热切地接受了这一条件，于是诺曼人又要

---

* 赛马场是皇家首都主要的运动场，最初是为战车比赛而设计的，但是后来几乎每一场公众庆典都在此举行，如大败敌军、平息叛乱；被推翻的皇帝被处决之前，也在赛马场以羞辱的方式被游行示众。

孤军奋战。

他们仍在为伦巴第的自由而战，但不再相信盟友，而是决定选出自己的领袖。问题在于诺曼人认为人人平等，很难接受一个凌驾于众人之上的权威。他们的确意识到战场上需要统一指挥，但独立的个性和膨胀的野心不仅驱使他们前往意大利淘金，也令他们实际上难以管制。威廉是叛军的战斗英雄，并如愿获得“阿普利亚公爵”的头衔。不过它更多的是一厢情愿的想法，因为诺曼人只控制了阿普利亚一小部分地区，而且威廉并没有在手下骑士当中真正树立自己的权威。尽管他率先重新集结众人、对抗共同的敌人，但也仅此而已。

然而，这足以帮助威廉将自己塑造为该地区的强势人物。他迎娶了萨勒诺大公的侄女，得以进入伦巴第贵族阶层，并承认大公为自己的封建领主。作为回报，大公正式将阿普利亚赐予威廉。该地区被12位最有权势的诺曼人瓜分。作为平等的象征，诺曼人率先征服的梅尔菲由12人共同掌控。

作为一个没有土地的潦倒骑士之子，威廉一路走来取得了巨大的成就。在他宽松的领导下，诺曼人由普通的拜占庭和伦巴第雇佣兵变为拥有土地的贵族。他明确表达要把老东家拜占庭人赶出意大利的意图，也标志着诺曼人时来运转。公元1045年他入侵卡拉布里亚，但在意大利南部城市塔兰托附近遭遇强力抵抗。这是他戎马生涯的最后一战。第二年他厉兵秣马，准备发起另一次远征，却因高烧去世。

他去世后，南部的诺曼人面临着重大抉择。尽管眼前显然有着巨大的机遇，但也会遭遇强烈而危险的反击。如今伦巴第人、拜占庭人，甚至教皇都因诺曼人势力的增长而担忧，感觉到改变现状带来的威胁。就连一度欢迎诺曼人解放自己的阿普利亚当地居民，现在也视他们为外来压迫者。只需要一条导火索，便可引发日渐积蓄的反诺曼风暴。

这些曾经的雇佣军似乎没意识到当前的危险。他们为了个人得失而四分五裂，只顾着榨干所有的战利品。他们需要一个强大的领袖，足以强化纪律，领导诺曼人走向正途。诺曼人不知道的是，威廉去世仅数月，这个领袖就来到了意大利。

第九章
吉斯卡尔

Chapter 9
Guiscard

威廉死后，其弟德罗戈被选为阿普利亚公爵，而三弟汉弗莱获得了威廉的一些遗产。留在诺曼底的 7 个儿子正怀着极大的兴趣密切注视事态发展。他们是坦克雷德二婚生下的儿子，其中最大的儿子罗伯特于 1047 年决定前往意大利，追随同父异母的哥哥们的步伐。

他在意大利遭到了冷遇。德罗戈特别不喜欢父亲的第二个妻子，厌恶她的孩子，所以派罗伯特率领小队随从前往一处边界要塞驻守，那里深入拜占庭治下的卡拉布里亚，地处意大利半岛的踵部。该城堡俯瞰海岸平原，可以看到古城锡巴里斯（Sybaris）* 遗址的古雅风光。但如果罗伯特期待享受奢华生活，他的幻想很快就会破灭。这座狭

* 锡巴里斯以其享乐主义而闻名。现代词语 sybaritic 即源于这一地名，意为“自我放纵”或“过度奢侈”。

小、阴湿的城堡位于意大利人烟稀少的地区，疟疾横行、阴暗无光、死气沉沉。卡拉布里亚更加落后，由于地处山区，森林覆盖率高，这里几乎没有适合发展农业的土地。几百年来海岸地区疟疾横行，饱受撒拉逊人的侵略，所以人烟稀少。由于当地居民已经彻底希腊化，更加忠于拜占庭人，因此不太可能欢迎诺曼人来拯救自己。

为了生存，罗伯特不得不靠地吃饭，并凭借狡猾伎俩和暴力行动付诸实施。他最喜欢的策略就是放火烧庄稼，然后收取灭火费。这一计划并没有帮助他赢取当地的民心。不久后人们开始称他为“吉斯卡尔”，即“狡猾者”。他在诺曼群体中赢得了口碑，成为值得他们关注的人物。他足够精明，深知一个好领袖既要令敌人胆寒，又要受盟友爱戴。为此他与将士们患难与共，同吃同住，但又极其慷慨。财富对他永远只是一种手段。一位来访的诺曼主教曾提出自己正在故乡修建教堂，于是罗伯特倾囊相助。尽管物资已经耗尽，他还是捐出了自己的所有财产。如此一来，公关收益无法弥补财政支出。主教返回诺曼底，到处宣扬这位富裕大方的卡拉布里亚骑士，而长期缺兵少将的罗伯特正忙于招募新兵。

然而，在乘机扩大势力之前，他陷入了一场更大的冲突。诺曼人进入意大利之初受到伦巴第人的热烈欢迎，因为后者渴望摆脱拜占庭征税官，视诺曼人为解放者。随着时间的推移，他们发现诺曼人贪婪成性，残酷镇压独立运动，榨干各地财富，还不如之前的拜占庭人。后来拜占庭为了动摇诺曼人对阿普利亚的统治，消除其对卡拉布里亚的威胁，派出了间谍。这些人一进入阿普利亚，便发现自己深受当地居民欢迎。他们策划了巨大的阴谋，意图暗杀意大利境内所有重要的诺曼人。这项计划于公元1051年开始实施。德罗戈在进入私人教堂时遇袭身亡，到了傍晚整个阿普利亚都陷入骚乱。

幸存的诺曼人仍没有完全了解公众的叛逆程度，他们相信只要展示自己的力量就能恢复现状，于是便残酷地镇压所有当事人及其所在地区。如此行为令人忍无可忍，意大利最有权势的人物教皇利奥九世也被激怒了。

多年来意大利南部强奸、谋杀、抢劫等悲伤的故事传遍了罗马教廷，所有人都请求教廷伸出援手，对抗那些毫无约束、目无法纪、崇尚武力的诺曼雇佣兵。这种事情本该由当地的世俗政权直接负责，但利奥特立独行，亲自负责。在历任教皇精于世故的时代，他的圣洁远近闻名，具有超凡魅力和声望，足以凝聚意大利各方分散的力量。战争的血腥和死亡没有吓倒他——担任主教期间他曾率领德意志皇帝康拉德二世（Conrad Ⅱ）的军队，在意大利北部发动突袭。因此，他认为新的头衔不是阻碍自己又一次出征的理由。

利奥曾与诺曼人有过交集。虽然令人不快，但他们曾非常接近教皇国*，因为利奥竭尽全力取缔的买卖圣职的行为而臭名昭著。由于诺曼人实在可气，利奥拒绝了“征服者”威廉的联姻请求，以示羞辱。如果不采取制止措施，这些目无法纪、不受约束的诺曼人就会侵犯梵蒂冈领土。如果教皇不能令他们臣服，自己的声誉就会受到影响，还

* 指的是罗马和拉韦纳周边直接由教皇管辖的地方。可参考前面的说明文字“教皇国”。详见第五章。

将遭到诺曼人千军万马的围攻，面临真正的危险。

他首先考虑的是让诺曼人感到敬畏，从而投降，于是便前往意大利南部召见奥特维尔的德罗戈。教皇身着全套官袍，冷冷地命令他管好手下。德罗戈似乎已经悔改，但数月之后便遭到暗杀。意大利南部陷入混乱。

对利奥而言，此时是出兵的绝佳时机。诺曼人群龙无首，士气大挫，一片混乱。从阿布鲁佐（Abruzzo）到卡拉布里亚，意大利南部几乎所有的非诺曼贵族纷纷起义反抗。但利奥必须趁着气势正旺的时候快速行动。他给拜占庭皇帝君士坦丁九世写信，提议组成同盟，随后前往德意志，与表弟亨利三世商讨战事。他获得了皇室对反诺曼同盟的支持，即刻派出意大利军队，进军阿普利亚，声称要终结“诺曼人的威胁”。

教皇亲自率军前来的消息终于让诺曼人认识到当前的危险。他们急切地召集所有体格健全的男子，罗伯特也匆忙地从卡拉布里亚赶回来。形势危急，所有人都愿意搁置过去的分歧，团结一致。他们推选耿直勇猛的汉弗莱——也是奥特维尔家族最年长的成员——担任领袖。汉弗莱做的第一件事是向利奥传话，寻求停战谈判。但教皇无意听他的请求。敌人就在利奥最希望看到的地方，他当然不想放虎归山。

汉弗莱和罗伯特匆忙地进行会谈，确定如何行动。他们在人数上处于绝对劣势，教皇亲征更令他们感到不安。如果他们继续拖延，糟糕的形势只会继续恶化。一支拜占庭军队正向海岸进军，如果他们与教皇会师，这种可能性就相当大。诺曼人还面临严重的粮食短缺：尽管尚未成熟，当地居民还是将庄稼全部收割，没有留下颗粒果腹之粮。如果再不进攻，他们将面临饥荒的威胁。

诺曼人实际上别无选择，只能向毗邻小城奇维泰拉的福尔托雷河进军，并再次派出使者面见教皇。然而，这次出使只是掩人耳目的诡计。谈判期间诺曼人突然发起进攻。教皇的伦巴第盟军深感意外，惊慌而逃，随后大部队也迅速撤离。只有教皇的德意志军团坚守阵地、顽强抵抗，但现在他们寡不敌众，全军覆没，只留下唯一的幸存者——教皇。他身着光鲜丝滑的白色长袍，站在不远处的山顶，目睹己方全面溃败，越发感到恐惧。随着败局已定，他骑马逃到毗邻的小城镇，心急火燎地请求避难。然而，镇民们都了解情况，不想得罪胜利者。一位诺曼骑兵刚到城门口，他们便毫不客气地把利奥扔了出来。

教皇颇有风度地承受自己的失败，自豪地走出来面对敌人，城墙上目睹这一场景的人一定会好奇到底是谁赢得了战争。诺曼人纷纷拜倒在地，请求他的宽恕，并发誓他们是虔诚的基督徒。有人跪下来亲吻他的戒指，有人则跑去给他牵马，还有人给他送茶点。教皇用餐完毕后，诺曼人护送他来到贝内文托（Benevento）——但始终敬而远之——并安排他住进全城最好的公寓。他们的礼遇毫不怠慢，但不是所有的敬重都能掩盖利奥成为俘虏的事实，这一消息迅速传遍欧洲：教皇已成为诺曼人的阶下囚。

这场胜利比他们所知道的更彻底。教皇蒙羞，威信全无，即使想再次发起挑战也无可能。战争结束数月之后，罗马教廷和君士坦丁堡教廷走向分裂，随着东西方基督教合作的希望破灭，反诺曼同盟的威胁也旋即消失。

如今诺曼人唯一的威胁就是手足之间迅速激化的紧张关系。汉弗莱比德罗戈更能忍受弟弟罗伯特，但也逐渐失去了耐心。罗伯特正在阿普利亚享乐，不想着急赶回贫穷落后的卡拉布里亚。在汉弗莱主持的宴会上，事态发展至危急关头。汉弗莱指责罗伯特故意拖延，后者在暴怒之下拔剑相向，连其朋友都来不及制止。愤怒的罗伯特深感受辱，返回卡拉布里亚，开始积极扩充势力。

幸运的是，罗伯特在外期间形势大为好转。拜占庭在意大利的势力正土崩瓦解，国家财政恶化，统治者优柔寡断，令当地居民深感遭到抛弃。留守的驻防军队士气涣散，极易招降。境内的城镇纷纷向他投降，坚持抵抗的城镇要么被武力击败，要么被他天下闻名的谋略所智取。他凭借三寸不烂之舌走进了奥特朗托（Otranto）城门，并于当年秋攻占了卡拉布里亚发达的农业地区。每一次成功都为他赢得了更高的名望，这也帮助他招募到更多的兵力，得以攻占更多城堡、赢得更多胜利。到了公元1057年，就连汉弗莱也不得不承认罗伯特极有能力。

作为奥特维尔家族最年长的成员，汉弗莱饱受疟疾和精力衰竭的折磨，时日无多。他很清楚，诺曼人急需一位不同风格的领袖。他们顽固地坚持着独立精神，因此对外征服的成果难以稳定。他们严苛的统治激化了被统治人民的反诺曼情绪。做一个英勇的战士已经不够；如今，如果情绪化的诺曼人不满足于小小的男爵身份，领导者就需要外交官的能力、政治家的才干和视野。汉弗莱决定把诺曼人交给具有远见卓识的继承人，而合适的候选人只有一个。汉弗莱收起了自己的傲气，召见罗伯特，二人公开和解。

不过并非所有人都对这一选择感到满意。罗伯特不得不耗费数月时间镇压各方反对他继位的诺曼贵族。此外他甚至强迫忠心的贵族再次宣誓效忠，随后便返回意大利的“足尖”地带，完成对卡拉布里亚的征服。他最年幼的弟弟罗杰也参与了这场战争。罗杰时年只有25岁，和奥特维尔家族其他成员一样，肩膀宽厚，体格庞大，但比罗伯特更随和。每一个吉斯卡尔盘算胜果的地方，都有罗杰寻欢作乐的身影，但这只是掩盖了他钢铁般的意志和决心。

起初二人合作得很好。他们尝试攻取勒佐（Reggio），以获得意大利和西西里之间的海峡控制权。罗伯特放心地将这个任务交给罗杰，自己则返回北部镇压另一场叛变。然而，他俩太过相似，因此这种合作无法持久。也许是从弟弟罗杰身上看到了家族野心，罗伯特拒绝赐予他土地或独立的收入来源。罗杰渴望为自己积累财富，这样便可以结婚。因此，当罗伯特开始拖延罗杰的部队军饷时，他由沮丧变为愤怒。罗杰正式提出抱怨，但吉斯卡尔毫不理会，声称自己也曾和罗杰一样，必须在早期历经艰辛，但会从中受益。

这种回应只会使局势恶化，不久强烈的敌意升级为全面战争。罗杰横冲直撞，一路杀入哥哥的卡拉布里亚领地，烧毁庄稼、劫掠乡村、绑架商人索取赎金。罗伯特毫不退让，以牙还牙，战争的破坏引发了饥荒，激起了民众反抗。这次反叛的规模出乎诺曼人的意料，眼看就要蔓延至阿普利亚。兄弟俩得到警报，匆匆停战，同意未来平分战果。

和平恢复得正是时候，此时教皇的使节拜访罗伯特，代表教皇召他前往梅尔菲进行私人会谈。罗伯特询问教皇的意图，而答案简直令人难以置信。距离教皇派兵围剿诺曼人仅过了五年，他的继承人竟来寻求结盟。

梵蒂冈政策转变的原因在于尼古拉二世（Nicholas Ⅱ）当选教皇。此人是改革派神父，希望终结买卖圣职的现象，并摆脱外部势力的控制。德意志皇帝历来是教皇的保护者，实际上意味着教皇是德意志的傀儡。摆脱束缚的唯一办法，就是找到与之相对的势力达到平衡状态。最近的选择就是诺曼人。

尼古拉在梅尔菲召开了教廷会议，正式与诺曼人结盟。罗伯特宣誓效忠、捍卫教皇不受德皇摆布。教皇则确保罗伯特对其占领地区的统治权，并意味深长地赠予他“阿普利亚、卡拉布里亚及未来的西西里公爵”这一头衔。事实上，他并未完全控制卡拉布里亚，更没有占领西西里的任何地区，不过吉斯卡尔丝毫不感到烦恼。教皇赐予他征服一切的合法性，他可不想浪费良机。

第二年他着手将拜占庭势力从意大利驱逐，拜占庭帝国的控制地区不断缩减，最后只剩下意大利半岛“踵”部地带的城市巴里。拜占庭人进行了顽强抵抗，坚守着祖先留下的家园。而吉斯卡尔也乐于让他们暂且留在巴里。他已经有了一个更加诱人的目标——富饶的西西里，因此可以静待时机将意大利其他地区收入囊中。眺望海峡对岸的西西里岛，他的兴奋之情一定难以言表。当年法兰西小贵族的儿子已经成长，如今可以与同时代的诺曼公爵威廉相匹敌。欧洲两端各有一个诺曼人的公国，它们都计划拿下这个岛国。征服西西里的时机已然成熟，罗伯特根本无法抵挡如此诱惑。如今西西里的形势更加混乱，因为他的长兄“铁臂”威廉已经离去，该岛被好战的阿拉伯人和柏柏尔人瓜分。更有利的是，一位柏柏尔埃米尔邀请罗伯特登岛，帮助自己抵抗敌人。公元1060年，兄弟二人越过海峡登陆西西里，迅速占领墨西拿，然后深入内陆。到了年底，他们占领了东海岸多数地区，向巴勒莫进军。

然而，一年之后军事行动骤然停止。围攻城堡耗时费力，罗伯特急着要让穆斯林卷入战争。随着兄弟二人开始为战利品的分配争执不休，长期作战的压力也开始显现。二人无法在实际指挥权的问题上完全达成一致，于是做出了尴尬的选择：共同统治。这是一个特别糟糕的主意，因为罗伯特没有耐心团结各方，很容易感到厌烦。任何时候他都需要关注欧洲大陆局势；由于他长期不在欧洲大陆，各地出现叛乱，而焦躁不安的地方贵族需要的不仅仅是鼓励。之后十年，他只是零星地露面，征服西西里的重任主要由能干的罗杰承担。

同时罗伯特继续向意大利南部城市巴里施压。公元1071年春天，巴里终于沦陷，罗马帝国在意大利最后的痕迹消失了。* 吉斯卡尔身着希腊风格服饰，扬扬得意地进城，最亲近的支持者簇拥在身边。他是南意大利唯一的主人，实现了建立公国的愿望。对其他人而言，这

* 虽然西罗马帝国在5世纪就已瓦解，但是东罗马帝国（也就是我们常说的“拜占庭”）在6世纪的时候重新征服了意大利。吉斯卡尔对巴里的征服结束了奥古斯都·恺撒的后代对意大利持续近1000年的统治。

样的成就完全可以满足了：国内的敌人被吓破了胆，不敢妄为，教皇由敌人变为盟友，没有人能挑战他在南部的权威。但吉斯卡尔已经开始向往更大的目标。巴里城内的壮观引发了他的想象。他也在西西里的宫殿和教堂，在奢华的拜占庭帝国辎重中看见过这般繁盛。他已经由没有领地的骑士变为公爵，如今把目光投向东方。闪耀的拜占庭才是最大的奖赏，如今正等待他的到来。

第十章

皇冠

Chapter 10

The Imperial Crown

65 岁（按中世纪标准已算高龄）的罗伯特·吉斯卡尔也该休息了。这个年纪的人大都安顿下来，享受辛苦打拼的果实。就罗伯特而言，他可谓成果斐然。阿普利亚乡间的狩猎活动，还有那么多适合放松休闲的宫殿，都足以让他分心。但吉斯卡尔毫无退休的打算。他太容易感到无趣了；他对厮杀战场的喜爱远胜过治理一方，而且任何时候他都在觊觎拜占庭帝国。

与拜占庭 20 年的战争同时也烙下了帝国的印记。罗伯特从仿制拜占庭的部分印玺开始，后来又在发布法令时使用拜占庭的头衔“最高领袖”（dux imperator）。这种做法既出于虚荣心，同样也是他的精明之处。他的臣民大都已经彻底希腊化，因此把自己打造为拜占庭的继承人有助于将统治合法化。为了确保大家都能领会这一点，他一有机会就小心翼翼地穿上那件仿制的拜占庭皇袍。

这些张扬的举动引起了君士坦丁堡的注意。彼时拜占庭正遭遇塞尔柱突厥人的大举进攻，处境危急，希望尽快与诺曼人媾和。拜占庭皇帝米海尔七世（Michael Ⅶ）有一个年轻的皇子君士坦丁，吉斯卡尔则有一个年轻的女儿海伦娜（Helena）；拜占庭提议联姻，并许诺赐予罗伯特更高贵的新头衔。现在他可以自称“最高贵的”（nobilissimus），仅次于恺撒，可以身着紫衣，完全可以期待他的后人坐上皇位。年轻的海伦娜乘船前往君士坦丁堡，而吉斯卡尔毫无动静，只是庆祝自己又一次外交手段的成功。

不幸的是，君士坦丁堡的事态发展得更快。海伦娜刚抵达，拜占庭皇帝便被年迈的将军尼斯福鲁斯三世（Nicephorus Ⅲ）推翻。这位诺曼公主随即被遣送至修道院，而未来的丈夫君士坦丁则遭到流放。吉斯卡尔对这个消息感到失望，但也只是暂时的。拜占庭国力虚弱，扩张过度，苦战塞尔柱突厥人，易受侵略。现在出击几乎可以确定将会硕果累累。同时海伦娜也是一颗非常适用的棋子，足以成为发起战争的借口。

第一步就是发出最后通牒，而这份通牒会当即被拒绝。吉斯卡尔像一个愤愤不平的父亲，要求迅速恢复女儿的地位，将她嫁给君士坦丁，并加冕为皇后。这无异于要尼斯福鲁斯自绝政治生命。他不可能推翻了米海尔七世后又扶持其子，因此明智地拒绝了。吉斯卡尔迅速宣战，带领一支强大的军队进攻。为加强效果，他找来一位云游僧侣，称其为遭到废黜的皇帝米海尔，设法逃出了囚室，从而及时、正式地为侵略拜占庭的军事行动祈福。这一招没能骗过任何人，因为这位僧侣的演技不够高明，但吉斯卡尔并不在意。他已经成功地发动了战争，现在要去赢得皇位。

光是组建军队便耗费了近一年的时间，但成效卓著。中世纪西方军队并非特别多元化，但罗伯特招募了意大利南部各地的士兵：除了西西里的穆斯林和伦巴第士兵、阿普利亚和卡拉布里亚的希腊士兵，剩下的都是法兰西和诺曼冒险家。意大利所有沿海城市纷纷应召修建战船，但仍无法满足需求，于是又从森林密布的克罗地亚海岸购买。到了公元1081年春天，已建成150艘战船，即将载上2万名士兵、战马和攻城装备，跨过爱琴海。万事俱备，只待吉斯卡尔一声令下。然而，就在时机成熟可以下令之前，君士坦丁堡的形势又发生了变化。年轻的将军阿历克塞推翻了尼斯福鲁斯三世，并表示将同意吉斯卡尔的所有要求。受辱的君士坦丁将恢复地位，成为共治皇帝，海伦娜也将获救，离开修道院，二人将会完婚。

吉斯卡尔的脾气远近闻名，这一次更是怒火中烧。可怜的使者给吉斯卡尔送信时，本以为他会欣然接受，但结果不得不迅速逃跑，以免小命不保。整整两天，吉斯卡尔待在帐中，心情郁闷，拒绝见客。阿历克塞破坏了他的计划，但军队早已准备就绪、蓄势待发，无法取消作战计划。吉斯卡尔的长子博希蒙德率领先头部队建立桥头堡，一个月后吉斯卡尔率主力大军赶上。

到了6月，诺曼人已经兵临拜占庭第二大城市都拉斯*。该城坐落在古罗马道路的前沿，直指君士坦丁堡。都拉斯地处海拔较高的半岛，守卫森严，看似固若金汤，近陆地带布满了沼泽。吉斯卡尔试图招降，几近成功，但守军有坚守到底的自信，也相信皇帝不会坐视不管，让他们自生自灭。几天后，他们得到一个激动人心的消息，足以证明皇帝的关照。梵蒂冈（教皇）舰队收受了阿历克塞的贿赂，毫无征兆地出现，与诺曼舰队作战。教皇部队利用水下管道往诺曼战船底部施放希腊火†，从吃水线以下把他们的战船烧毁。

吉斯卡尔处境艰难。没有海上支援，就不可能形成有效的封锁，迅速攻占都拉斯的希望似乎变得渺茫。更糟的是，冬季来临，也带来了一系列老问题：住宿、燃料，以及深入敌后的补给线维持。部队士气骤跌，此时军中又突发痢疾，进一步打击了所有人的斗志。士兵们公开谈论撤军，但畏难放弃绝不是吉斯卡尔的风格。他烧毁了剩余的战船，防止有人逃跑。对一般的骑士来说，这就像是陷入噩梦之中。都拉斯守军感觉到了敌军的心态，开始散布不祥的讯息。他们声称阿历克塞正带领着大批援军赶来。

阿历克塞·科穆宁是一个可怕的对手。他自称拥有古罗马贵族血统，兼具军事和政治才华，是不可多得的人物。40岁的他从未在战场上失败过，是帝国获得赞誉最多的将军。拜占庭迫切需要这样一位

* 位于今天的阿尔巴尼亚河岸。

† 希腊火，一种油基易燃物，即便浸入水中也能燃烧，被当作国家机密。它被装载在威尼斯船队上，可见拜占庭人将诺曼人视为巨大的威胁。

领袖。劫掠成性的塞尔柱突厥人正在侵袭东部边境，斯拉夫人和保加利亚人从西面入侵，君士坦丁堡的领导不力加速了帝国崩溃的进程。十年即将过去，帝国迫切需要一位有能力停止战乱的将军。阿历克塞站了出来，他轻而易举地驱逐了皇宫的前任主人。

尽管新皇帝在战场上从无败绩，但诺曼人入侵的确是一个严峻的问题。动乱令帝国头疼，也令军队变成一团乱麻。部队必须自下而上地重建。著名的瓦兰吉卫队仍然是高效的核心，但剩下都是毫无纪律的民兵、雇佣兵和私人保镖。这支武装力量并不鼓舞人心，但目前它只能迎难而上。帝国遭受攻击，没有时间培训新兵了。

阿历克塞和吉斯卡尔都有理由避免战争。尽管诺曼军队饱受疾病困扰，战斗力减弱，但仍然强悍得可怕。阿历克塞肯定希望即将到来的冬季能进一步削弱他们。他也怀疑雇佣军不够忠诚，完全有理由相信，只要遇上麻烦，他们肯定率先当逃兵。另一方面，罗伯特被拜占庭军队和重装守卫的城堡夹在中间，并不热衷于发起战争。按照往常的做法，他会先行撤退，找到更合适的位置，再发动进攻。然而，由于他轻率地决定烧毁战船，如今已别无选择。

唯一期待开战的是瓦兰吉人。15 年前，“征服者”威廉入侵英格兰，杀害了合法在位的国王，给盎格鲁 - 撒克逊人带来野蛮统治。许多人无法忍受在诺曼铁蹄下的生活，最终前往君士坦丁堡，并加入瓦兰吉卫队。如今，他们终于和深恶痛绝的诺曼人面对面。这些人曾掠夺了他们的家园，杀害了他们的家人，盗窃了他们的财产。他们终于可以一报黑斯廷斯之仇了。

吉斯卡尔率先向拜占庭中军发起进攻。从没有人能抵抗诺曼铁骑的冲击，但面对瓦兰吉的人墙，诺曼人却被击溃。他们数次进攻无果，而瓦兰吉士兵开始缓慢前进，手持可怕的双头斧冲击诺曼防线。不走运的是，拜占庭其他部队没有跟上他们的节奏。土耳其雇佣兵此时选择逃跑，寡不敌众的瓦兰吉卫队全军暴露，遭到包围。少数幸存者逃到附近的小教堂向天使长米迦勒祈祷，但没有什么避难所能躲过诺曼人的怒火。整座教堂从外到内被大火夷为平地。

这场失利似乎损伤了拜占庭仅剩的元气。都拉斯象征性地抵抗了一周之后选择投降，希腊北部其他地区也紧随其后。吉斯卡尔兵临马其顿之后，卡斯托里亚（Kastoria）不做任何抵抗便直接投降，尽管该城有3000名瓦兰吉守军。如果连帝国精英部队都不忠诚，君士坦丁堡等同于失守。吉斯卡尔吹嘘自己会赶在圣诞节时进入拜占庭首都。然而，这一次他遇到了真正的对手。阿历克塞无法用刀剑阻止诺曼人，但他仍然有笔，作战失败的地方，外交手段可以成功。

意大利南部是一个即将爆炸的火药桶。这里大大小小的贵族憎恨诺曼人的统治，鄙视自己屈从诺曼人的地位。他们只是因为害怕，所以敢怒不敢言，没有人愿意踏出奋起反抗的第一步。阿历克塞只需要给他们一些动力。拜占庭派间谍进入意大利，他们身负黄金，四处传言，声称现在是时候出手了。几乎一夜之间，半岛各地公开爆发了叛变。吉斯卡尔留在意大利的代表绝望地给他写信，告诉他如果不迅速返回，诺曼人将无家可归。

吉斯卡尔犹豫了很长时间。叛乱持续的时间越长，镇压的难度就越大。但他眼看就要拿下拜占庭了，如果现在离开，进攻就会停滞不前。诺曼人会丧失宝贵的优势，狡猾的阿历克塞必将有时间收复失地。公元1082年初传来的一个消息最终迫使他做出了决定。德意志皇帝亨利四世正向罗马进军，惊慌失措的教皇当即向诺曼人求救。吉斯卡尔公开发誓，不回到拜占庭就不刮胡子、不洗澡，他将远征军交给儿子博希蒙德，然后前往意大利。

对于粗野的吉斯卡尔来说，教皇格里高利七世是一个奇怪的盟友。他是一个理想主义者，坚持原则，顽固死板，没有人期待他会支持没有道德原则的吉斯卡尔。然而，合作的必要性使他们走到了一起。格里高利卷入了一场大论战，这场论战引发了整个基督教世界的混乱。他试图摆脱世俗权力的控制，因而与德皇亨利四世发生了冲突。教皇取得了第一仗的胜利。亨利被逐出教会，被迫在严冬时节赤脚跋涉，前往意大利北部遥远的卡诺萨城堡，乞求教皇收回判决。然而，那只是权宜之计。等到亨利恢复元气，积攒了足够的实力，他便威胁格里高利做出让步，否则便将军队开进罗马，任命新教皇。格里高利需要得到保护，而全意大利只有一个人有能力保护他。于是他收起了自己的傲慢，承认并支持吉斯卡尔的统治，换取其保护自己。这个交易收效甚好，直至吉斯卡尔离开意大利，远征拜占庭。阿历克塞给德皇亨利送去一封信和几袋黄金，催促他进军防备虚弱的意大利。亨利当然马上同意了。

亨利的部队几乎没有遇到什么麻烦，顺利进军罗马。格里高利逃往哈德良陵墓*，方才得以坚持抵抗。他的支持者仍旧控制着台伯河左岸地区，而德皇的部队饱受疾病折磨，战斗力严重削弱。亨利将多数部队撤往海拔更高的地区，安营扎寨，准备围攻。

与此同时，吉斯卡尔正疲于镇压意大利南部的叛乱，忽视了教皇越发恐慌的求救信。到了公元1084年底，他镇压了最后一场叛变，本可以对格里高利施以援手了，但他却犹豫了。正如他所担心的那样，远征拜占庭面临着严重的麻烦，如果再不迅速返回战场，真的就有可能全军覆没。另一方面，罗马也同时需要他的关注，因为一个重要的盟友正在拼命抵抗。罗伯特·吉斯卡尔向来都知道自己该怎么做，这一次是他一生中为数不多的例外。

然而，外部力量再次影响了他的决定。这一次是罗马人起到了决定性作用。他们厌倦了格里高利，指责他面对长期围攻仍旧顽固不化，导致全城陷入物资匮乏的窘境。他们打开城门，邀请亨利完全占领罗马。德皇得意扬扬地进入罗马城，宣布废黜格里高利，自己任命了新的候选人。吉斯卡尔别无选择，只能采取行动。如果格里高利被推翻，奥特维尔家族的合法性也将不复存在。拜占庭的战事只能先搁置在一边了。吉斯卡尔从各地集结大军，进军罗马。

亨利没有傻到留在罗马等着吉斯卡尔进城。他深知自己的军队实力已经被削弱，不是诺曼人的对手。就在吉斯卡尔抵达罗马前三天，亨利建议罗马人自己尽可能地守城，然后悄悄溜走。惊恐的居民将

---

* 其广为人知的名字是“圣天使堡”。它于5世纪时被加筑防御工事并成为教皇的主要据点。

城门紧锁，但结局已经注定。罗马的城墙是800年前罗马皇帝奥勒良（Aurelian）统治时期修建的，此后再也没有大的整修。吉斯卡尔发起第一次攻击后，他的手下迅速攻入城内，四面分散，所到之处烧杀抢掠。他们护送格里高利走出哈德良陵寝，胜利地返回拉特兰（Lateran）。格里高利再次登上教皇圣座。

然而，这场胜利付出了极大的代价。吉斯卡尔的穆斯林和希腊部队将这座城市视为战利品，开始频繁地奸淫掳掠、滥杀无辜、无所不为。三天后，惊恐的市民忍无可忍，走上街头，与侵略者展开了游击战。局势混乱，连名义上的命令都已消失殆尽。诺曼人意识到他们对局势失去了控制，开始放火烧城，意图驱逐敌人。此举造成了巨大损失。全城各地不是被抢夺一空就是焚烧殆尽。从拉特兰到罗马斗兽场，几乎没有保存完好的建筑。教堂、宫殿、古代的异教庙宇无一幸免。

格里高利的地位得到恢复，但如今的他广遭记恨，因此不得不陪同吉斯卡尔的部队一起撤退。他选择萨勒诺作为新居，建立了流亡教廷，致力于教会改革。格里高利于第二年去世，葬于一座诺曼陵墓。他一生狂妄，目中无人，但临终遗言令人痛心："我热爱正义，痛恨邪恶，因此死于流亡。"

与此同时，罗伯特·吉斯卡尔终于可以不受任何牵制，专注于与拜占庭的战争。没有他，战争的进展并不顺利。他的儿子博希蒙德是顶尖的骑士和优秀的将军，但缺乏父亲的动员能力。尽管他连续消灭了拜占庭皇帝派出的三支军队，但失败主义的情绪迅速在军中扩散。

他们从意大利出发至今已经过去了四年，但攻取君士坦丁堡的战役毫无进展。多数人疲惫不堪，思念家乡，感觉这次远征似乎没有尽头。博希蒙德设法让大军又坚持了几个月，但最后也承认自己犯了低估对手的大忌。一次他在希腊北部率军渡河，阿历克塞诱他攻击一支作为诱饵的军队，而拜占庭大军趁机洗劫诺曼部队的辎重。博希蒙德花了一下午时间追逐影子，返回军营后发现积攒四年的战利品不翼而飞。对于舟车劳顿的大军来说，这是压垮他们的最后一根稻草。随着博希蒙德被迫回头，他的手下集体向阿历克塞投降。

这是一个重大的挫折，但执着不懈是吉斯卡尔的本性。尽管他已 70 岁高龄，但仍精力充沛，又迅速召集了一支大军。他在科孚岛（Corfu）度过了整个冬天，但伤寒重创了军队，造成数千名将士死亡。随着疫情终于减轻，他下令军队扬帆航行，进军拜占庭的凯法利尼亚岛（Cephalonia），打响第一仗。然而，渡海途中吉斯卡尔突然高热不退，登岛时几乎无法站立。公元 1085 年 7 月 17 日，一生从未遭遇重大败仗的吉斯卡尔因病去世。

他的遗体被送回意大利。然而运尸船只经过奥特朗托海岸边时，遭遇暴风雨，尸身被冲出船外，损毁严重。船员设法恢复遗体，但最后决定将他的心脏和其他内脏掏出，埋在一个小教堂中，而将尸身剩下部分进行防腐处理，最后送达奥特维尔家族陵寝所在地：意大利韦诺萨（Venosa）。他后来被安葬在圣三一教堂一座壮观的陵墓中。

吉斯卡尔的一生不同凡响，他的成就使自己进入最伟大的军事冒险家行列。凭借着远见卓识、政治技巧和人格力量，他从一个小小的男爵变成欧洲最强大的政治力量。一路走来，他将拜占庭人从意大利驱逐，将穆斯林从西西里驱逐，拯救了进行改革的罗马教廷，将两位皇帝逼入困境。一位不知名的石匠在吉斯卡尔墓碑上刻下了一段铭文，正是对他最好的注解："这里安息着吉斯卡尔，这个世界的恐慌……"

第十一章

博希蒙德一世

Chapter 11

Bohemond I

吉斯卡尔死后留下了一个令人困扰的问题尚未解决：谁能继承他的遗产？尽管他有过两次婚姻，育有十多个孩子，但最有能力的儿子却是私生子。

这个男孩出生于公元1058年之前的某一天，教名为“马克”。距他出生几天前的晚上，吉斯卡尔在宴会上听到了关于传奇巨人布厄蒙德斯·吉加斯（Buamundas Gigas）的故事，当他看见这个孩子的巨大体格后，就给他起了昵称“博希蒙德”，无意中创造了中世纪家喻户晓的名字。

人们对博希蒙德的早年生活几乎一无所知。不过他显然接受过学校教育，因为他具备读写拉丁文的能力，懂一点希腊文，可能还会一点阿拉伯文。在他很小的时候（可能是4岁那年），吉斯卡尔出于政治原因抛弃了博希蒙德的母亲。尽管博希蒙德成为私生子，丧失了继承权，但他并没有太多不愉快的感觉。他被继母抚养长大，刚刚适龄便在吉斯卡尔的军中获得了重要的职位。尽管存在现实政治需求的因素，但他能拥有如此的地位或许是因为无人怀疑他的父亲是谁。博希蒙德从头到脚看起来都像奥特维尔家族成员。他肩膀宽阔，胸膛厚实，继承了维京祖先的金发，身材高大，具备领袖的气质。就连父亲的焦虑和鲁莽也在他身上体现得淋漓尽致。正如一位同时代人士所说，“他总是在探索不可能”。

公元1081年，吉斯卡尔决定进攻拜占庭帝国，博希蒙德得到了探险的机会。27岁的博希蒙德奉命率领先头部队出发，将达尔马提亚（Dalmatia）* 乡村地区变成一片废墟，攻占港口城市发罗拉（Valona）作为桥头堡，围攻科孚岛。唯一真正的抵抗来自科孚，当地守军公开嘲笑博希蒙德人少势微。但当他们看到吉斯卡尔的主力舰队后，当即落荒而逃。

然而，军事行动就此溃散。据我们所知，吉斯卡尔计划让博希蒙德登上君士坦丁堡的皇位，向东方为自己的帝国开疆拓土，但败给了拜占庭皇帝阿历克塞的智谋。随着阿历克塞的黄金诱惑之计迫使吉斯卡尔返回意大利，博希蒙德奉命保卫希腊和马其顿，但也得到告诫，不得冒险与阿历克塞作战。博希蒙德随后的失败不在于缺乏勇气，只是阿历克塞太过于老道、诡计多端。

博希蒙德进军希腊北部，开始有计划地铲除拜占庭的堡垒，但阿

---

* 即现代的阿尔巴尼亚。

历克塞突然出现。就在两军准备交战时，阿历克塞派出载满利刃的轻型双轮战车，冲击诺曼部队防线。这个战术本该重创诺曼主力军，但博希蒙德事先得到提醒，就等着他这招。随着战车逼近，诺曼人打开了防线的缺口让他们穿过去，没有造成任何伤害。然后诺曼人发起进攻，迅速击溃了训练不善的拜占庭新兵。

阿历克塞在巴尔干半岛城市奥赫里德（Ohrid）* 重新部署，数月后再次作战。这一次他命令部队在战斗开始前一天的晚上设下埋伏，从战场中央分散铺上钉子，希望在诺曼骑兵冲锋时将其绊倒。但博希蒙德再次事先得到提醒，他命令中军留守后方，而出击的侧翼部队击垮了敌军。拜占庭部队几乎当即崩溃，博希蒙德一路追杀阿历克塞至巴尔干山脉，攻占了他之前的避难城市奥赫里德。

尽管博希蒙德屡战屡胜，冬季的来临却不利于士气。诺曼人粮草短缺、资金不足，军队已有数月不发军饷。有人开始质疑他们在这个不适合居住的陌生地方做什么。一年前君士坦丁堡看起来那么近，如今又显得遥不可及。那年春天，阿历克塞第三次发起进攻。彼时诺曼人正占领着古希腊城市拉里萨（Larissa）——阿喀琉斯的出生地——而拜占庭部队又一次出现，并向其逼近。博希蒙德迅速发起进攻，追杀溃逃的拜占庭部队数英里。然而，阿历克塞不在其中；他正率领主力大军进入诺曼军营，抢走了他们积累四年的战利品。

博希蒙德还以为自己又一次获胜了。军营遇袭的消息传来时，他

---

* 位于现在的马其顿共和国。

正在河边放松，悠闲地吃着葡萄，讥讽着拜占庭的怯懦。听到消息后博希蒙德率领骑兵迅速赶回，但为时已晚。他设法击退了一拨过于贪婪的拜占庭人，但不得不率军撤退、整编散兵游勇。他放弃了那年占领的所有领土，它们全部落入阿历克塞的手中。

阿历克塞意识到形势正朝着对他有利的方向发展，并开始秘密地与博希蒙德的手下军官谈判。他知道博希蒙德最近遭遇物资损失，无法发放军饷，于是聪明地建议他们要求全额支付军饷。他还进一步用拜占庭军中高位诱惑他们（并加上大量厚礼）；如果他们看重荣誉，无法接受，他也保证让他们安全回家。

毫无疑问，一些军官仍然对博希蒙德忠心耿耿，但要求发薪的人数量之多，足以迫使他返回意大利筹款。博希蒙德一离开，军中仅存的士气也彻底瓦解，手下军官叛变，转投阿历克塞，只有一人例外。博希蒙德在达尔马提亚海港登船时得到了叛变的消息。他输掉了战争。不是虽败犹荣，而是千刀万剐之痛。或许不想在情绪冷静下来之前面对父亲，博希蒙德在达尔马提亚海岸度过了冬天，等到第二年春天才返回意大利。

幸运的是，吉斯卡尔并没有感到特别沮丧。他忙于镇压意大利各地叛乱，但手段极其残忍，如果有谁还想再次煽风点火，就得比阿历克塞付出更大的代价。因此，如今他可以心无旁骛地发起远征。公元1084年10月，吉斯卡尔带着四个成年的儿子再次出征。他们被威尼斯海军阻截、驱散，但就在最快的战船提前出发，前往威尼斯汇报胜果时，诺曼人已经重整旗鼓，击败了威尼斯海军。

当下时节已晚，不适合发动更多的军事行动，因此他们留在科孚过冬。停留期间博希蒙德发起高烧，经父亲许可返回意大利养病。他不在期间，吉斯卡尔也发起高烧，经过数月的挣扎后最终去世。

博希蒙德自然是吉斯卡尔的继位人选。他久经沙场，领导能力强，雄心壮志，而他真正的对手只有一个：同父异母的弟弟罗杰·博尔萨*。博尔萨年仅13岁，已经显露出易紧张和能力欠缺，这也成为他后来的特质。但或许是命运安排，罗杰·博尔萨——或者更准确地说是他的母亲——陪伴吉斯卡尔度过了人生的最后时刻，而博希蒙德远在意大利。她说服了聚集一堂的诺曼官员，使众人相信她的儿子才是合法继承吉斯卡尔领土和头衔的唯一人选。令她意想不到的是，博希蒙德的叔父"西西里的罗杰"（Roger of Sicily）也支持这一点，成为她强大的盟友。对于西西里的罗杰而言，无论谁继承大业，名义上地位都将在他之上，因此他当然希望在位者是一个可以操纵的人。仍在意大利养病的博希蒙德第二次被剥夺了继承权。

罗杰·博尔萨和其母聪明地赢得了政变，但如果他们以为问题已经解决，那就说明他们还不太了解博希蒙德。博希蒙德怒火中烧，随着叔父返回西西里后，马上起兵叛变。罗杰·博尔萨试图收买这位同父异母的哥哥，打算把阿普利亚南部最好的地区赐给他，但此举只会鼓励博希蒙德谋取更多土地。他跨过边界，进入卡拉布里亚，说服他弟弟手下最有权势的封臣改旗易帜，归顺自己。叛乱逐渐蔓延至卡拉

* 博尔萨的意思是"钱袋"，年轻的罗杰因为喜欢反复数他的钱币这一惹人讨厌的习惯而得此诨名。

布里亚各地，此时罗杰·博尔萨急切地向叔父求救。老罗杰的回应是维持现状，并迫使博希蒙德同意停战，实质上允许他继续保有已经占领的土地。这种不稳定的和平局势持续了三年后，罗杰·博尔萨也身患重病，严重发烧。博希蒙德就当弟弟已经去世了，迅速控制了他的财产，声称要“保护侄儿们的利益”。

罗杰叔父不得不再次从西西里越洋来到意大利，阻止博希蒙德夺取更多罗杰·博尔萨的土地。这一模式持续了数年，其间博希蒙德试图逐步蚕食博尔萨的领土，但又不致频繁地引起叔父的注意。

内战由此引发并逐渐激化，西西里的罗杰成为最大的受益者。每次他出面干预，弱小的侄儿都会做出更大让步。不难理解，家族关系也由此变得紧张。

公元1096年夏天，阿马尔菲（Amalfi）起兵反对博尔萨。罗杰叔父召见备受挫折的博希蒙德，加入平叛行动，以显示家族团结。经过9年毫无成果的内战，沮丧的博希蒙德深知叔父绝不会允许他掌握重要权力。他本已打算听天由命，但新的良机不请自来。一年前，教皇乌尔班二世大声疾呼，招募“十字军”去收复圣地，狂热的骑士纷纷响应，涌入意大利南部，寻找出海航道。起初参与其中的大多是意大利人，博希蒙德认为他们只是一时狂热，并不放在心上。但后来他坐在阿马尔菲的城墙下，看到更多的法国骑士也纷纷前来，才意识到这场运动早已超出一国范围。

在意大利，他不过是一个自命不凡的新贵，永远被叔父压制着，不过如今父亲旧日的梦想正在向东方招手。如果不能在西方获得应有的头衔，他可以在黎凡特开辟自己的王国，而十字军东征就是完美的掩饰。现在唯一要做的就是公开宣布自己的意图，而他的做法气派十足。一次围攻时他召集了大批人马，突然立誓解放耶路撒冷，号召所有善良的基督徒加入他的行列。随后他脱下了深红色的斗篷并撕开，然后做成十字形图案，赐予他的封臣和最先归顺的人。多数人当场热切地加入。博希蒙德不仅拥有了配得上个人地位的庞大部队，同时夺走了两位罗杰的部队。恼怒的亲戚别无选择，只得放弃围攻。

人们通常认为十字军是一支军队或同一拨军队，于某个特定年份发起东征。然而，十字军东征更像是长期持续的运动；与其说他们是军队，倒不如说是一群武装起来的人，历经兴衰起伏，走向东方。他们没有选择一条明确的路线，也没有一个公认的领袖，只是一群达成模糊协议的王公，聚集在君士坦丁堡。

缺乏一个统领全军的领袖，意味着争吵不休、组织混乱，但博希蒙德准确地从中看到了黄金机会。在所有王公之中，他经验最为丰富，野心最大。如果需要总指挥，几乎可以确定他就是天然的候选人。他的眼睛始终看着未来，谨慎地扮演着尊贵的政治家角色。

其他王公率领的部队行事鲁莽、不计后果，在拜占庭境内一路烧杀抢掠，时常与皇家护卫队发生冲突，相比之下博希蒙德就是守秩序和讲礼仪的榜样。他将一切都细心地提前准备妥当。他和侄子坦克雷德*带领着一支训练有素的小部队，从意大利城市巴里启航。他们在

* 奥特维尔家族在第一次十字军东征时表现卓著。老坦克雷德的不少于 6 个孙子和 2 个曾孙参与其中。

达尔马提亚海岸的不同地点登陆，以防当地粮食供应不足。由于在外国领土行军过程中常常会引发当地人的敌意，为了预防这种情况出现，他事先下令禁止抢劫，否则对违令者处以极刑。

他选择的路线非常艰难——在初冬时节穿过海拔1200米的山口——但通过这一计划，到圣诞节时他已经平安无事地进入马其顿西部。然后他沿着厄纳齐雅大道（Via Egnatia）一路前行。这是十年前他和父亲进攻君士坦丁堡未果时所走的道路。当然，这一次他表现得相当出色，小心地与监视他们的帝国卫队保持友好关系。

到达伊庇鲁斯（Epirus）后他派信使前往君士坦丁堡，希望获得皇帝阿历克塞的接见。他不是第一个抵达的十字军将领，因此急切地想知道其他西方将领达成了什么协议。最重要的是，他想确定他的对手无一获得皇帝的特殊礼遇。

西方骑士倾向于认定拜占庭温和软弱，但博希蒙德更清楚这个帝国依然强大。目前它是近东地区最重要的基督教国家，没有其支持就无法获得永久的成功。与拜占庭的友好关系还能带来其他好处。获得阿历克塞的特许和认可，他就能掌控十字军与帝国的所有交易；他将成为这个基督教联盟的关键人物，事实上也成为十字军的领袖。

抵达君士坦丁堡后，博希蒙德获得了令人振奋的礼遇。他在葛达二圣堂（Monastery of Saints Cosmas and Damian）停留了一晚后*，在护卫陪同的特殊关照之下来到皇宫，这是其他西方人都不曾享有的

* 因为他们的重要性（或者不那么重要），客人们往往需要等上好几个星期的时间才能获得皇帝的接见。

荣誉。他收到了琳琅满目的礼品，获得了漂亮（尽管毫无意义）的头衔，并与皇帝见面。

到了宏伟的皇座面前，博希蒙德看到了站立的金狮，仿佛一触即会发出怒吼。皇帝要求他宣誓效忠，并承诺归还他所占领的帝国领土。他毫不犹豫地照办，并要求皇帝册封他为“东方统帅”（Grand Domestic of the East）——亚洲所有皇家军队的统帅。

博希蒙德已经掩饰得非常完美，但阿历克塞洞若观火，并未被他迷惑。表面上他热烈欢迎博希蒙德，实际上对其没有丝毫信任。博希蒙德的实力已经足够可怕，阿历克塞并不打算给他更多权力。他原本希望用重金厚礼摆脱博希蒙德，但如今后者胆敢要求获得这个头衔，令他有些不安。于是他拖延了一些时间，含糊其词地暗示博希蒙德要展现自己的力量和忠诚，方可赢得这个头衔。

博希蒙德无法得到更多了。带着离别时的客套话，以及皇帝派兵派粮的承诺，他撤离拜占庭，返回军中。他们横渡博斯普鲁斯海峡，进军尼西亚，而十字军主力已经在围攻该城。由于博希蒙德带着急需物资及时赶到，他的名望急剧上升。博希蒙德随后击败了突厥援军，得意地把战俘捆起来，用的正是他们带来捆绑十字军的绳子。此举进一步提高了他的威望。

尼西亚陷落了，博希蒙德的好运仍在继续。他与拜占庭的关系急转直下：拜占庭代表团在夜间潜入尼西亚，接受突厥人投降，并拒绝十字军进城参加传统的三天劫掠活动。在这种情况下，他没有得到阿历克塞的支持，反而成为荣耀的标志。

十字军决定朝着安条克继续进军，博希蒙德建议大军一分为二，以便更容易寻找补给。博希蒙德和先头部队一起出发，而他的主要对手雷蒙四世（图卢兹的雷蒙）控制另一支部队，一天之后再出发。在所有十字军将领中，只有雷蒙四世可以与博希蒙德齐名。博希蒙德在多里莱乌姆（Dorylaeum）附近遭遇伏击，多亏他思维敏捷，才避免了一场灾难。博希蒙德给雷蒙送信，催促他加快行军；而突厥人错误地以为他们已经困住了整个大军，不断地发起进攻。当雷蒙率领精力旺盛的骑士抵达时，突厥人丢下埃米尔的财宝和日用品，仓皇而逃。

这场胜利应归功于两位统帅，大军停留在附近的拜占庭老城以哥念（Iconium），得以在果树林和溪流边喘息片刻。突厥人再次试图阻止十字军跨过托罗斯山脉（Taurus Mountains），但这一次博希蒙德几乎独自击败对手。他径直冲向敌方的埃米尔，与其对战。突厥人再次恐慌而逃，彻底放弃了阻截十字军的打算。当晚一颗彗星在空中闪耀，似乎体现了胜利的荣耀和博希蒙德的威望。

他一如既往地嗅到良机，离开大军，前去解放周边城市。他谨慎地将这些城市交给皇帝，既证明自己的忠实，也暗示皇帝他正等着接受东方统帅的任命。博希蒙德在外期间，军中传言安条克毫无防备。而雷蒙四世受到博希蒙德一系列胜利的刺激，不想放过这一机会。他迅速派遣500名士兵以自己的名义攻占安条克。

不走运的是，传言是假的，事实上穆斯林增援部队正涌入安条克。他的部下兵临城下，发现安条克的防卫固若金汤。数周之后他们返回，将这个消息传遍军中。

安条克是伟大的东方城市，唯一一次沦陷是12年前因叛变被穆斯林攻占。它坐落在西尔皮乌斯山（Mount Silpius）谷底，面积3.5平方英里，500多年前查士丁尼大帝在四周修筑城墙，包括6扇大门和400座塔。城墙之内山脊浮现，一座宏伟的内堡坐落于海拔上千尺的山顶。由于地处山岭地区，从东、西、南三个方向进城尤为困难，同时高大的城墙实际上切断了围攻的可能性。博希蒙德一直在为自己寻找合适的东方首都，当他看见安条克固若金汤的防线，便意识到自己已找到属意的城市。尽管十字军公开宣称东征的目标是收复耶路撒冷，但如果他可以扎根安条克，就没有必要继续前进。

十字军修筑了三座攻城塔，试图围困该城、断其粮草，迫使安条克投降。然而，他们的兵力不足以彻底困死安条克。欧朗提斯河（Orontes River）提供了新鲜水源，觅食小分队也轻松地避开了十字军巡逻队。更糟的是，十字军很快将周边的粮食供应消耗殆尽，而且常遭到守军流动部队的伏击。进入冬季，地震和暴风雪也随之暴发，夜间北极光闪耀，更加深了军中的恐惧情绪。十字军几次孤注一掷的攻城行动均以惨败收场，此时又传来消息：大批穆斯林援军正在赶来，其首领为可怕的摩苏尔的卡布卡（Kerbogha of Mosul）。到了春季，七分之一的十字军将士死于饥饿，大规模叛乱由此开始。

博希蒙德早已得出结论，安条克不可强取。如果武力不是合适选择，谋略显然才是攻城的关键。他通过某种方式联系上了城中一名叛徒，后者同意将一座防御塔交给十字军。博希蒙德只需要选择时机。

首先他得防止任何对手夺取安条克。当时军中仍有一个拜占庭代表团，也希望在攻下安条克后控制该城。博希蒙德将代表团首领请到帐中，并暗示有人计划杀害他，而遗憾的是自己无力粉碎这一计划。尽管流言是假，但人们很容易相信，第二天此人带着随从突然离去。博希蒙德转而宣称拜占庭人因为怯懦而逃避，留下他们独自面对命运的安排。十字军曾宣誓将安条克交还帝国，但现在可以放心地违背誓言了。

博希蒙德接下来宣称，由于意大利形势紧张，自己正考虑离开十字军。这些话产生了合适的效果。每次遭遇战博希蒙德都起到了最重要的作用，随着卡布卡的逼近，一想到要失去他，十字军就感到更加恐慌。十字军的其他王公当然愤怒，但他们在公众意愿面前软弱无力。之后博希蒙德提出，得到安条克，是对在家园作战失利的合适补偿。此时，就连图卢兹的雷蒙也不得不听天由命。

他们同意将安条克献给博希蒙德，于是后者透露了城中安置内线的消息，并说出了自己的计划。部队拔营出发，好像要与大军压境的卡布卡正面交锋。在黑夜的掩饰下，他们将掉头返回，并在叛徒的协助下，通过无人看守、没有上锁的后门，潜入安条克。

距离黎明还有两小时，博希蒙德率领60名士兵搭梯爬行，迅速攻占了附近的两座塔和两塔之间的城墙。当地基督徒帮助他们打开一座城门，十字军趁机冲进城内。到了黄昏时分，突厥人全军覆没，无一生还。历经7个多月的战斗，十字军终于拿下了安条克。

然而，严酷的考验并未结束。尽管十字军拿下了该城，但突厥人仍控制着内堡。博希蒙德在试图独自攻城时负伤，（更严峻的是）卡布卡正率领 7.5 万大军赶来。第一个问题容易解决。博希蒙德在堡垒外修建围墙，防止突厥人从内堡发起进攻，然后专注于守卫这座新拿下的城市。两天之后，卡布卡兵临城下。

十字军身处绝境。7 个月的围攻耗尽了城中粮食供应，现在已没有时间进行补给。形势极其严峻，有的骑士甚至宰杀自己的战马为食。更糟糕的是，逃兵将这一情况告诉了卡布卡。他试图朝着博希蒙德守卫的城墙发起猛烈攻击，但十字军极其艰难地将其击退。卡布卡深知十字军濒于崩溃，于是转而采取围攻手段。

如今只有奇迹发生，才能拯救困境中的基督徒，幸运的是奇迹真的出现了。一位法国隐士彼得·巴塞洛缪（Peter Bartholomew）宣称圣徒显灵，后者告诉他圣枪（Holy Lance）——当年一个百夫长刺入耶稣体内的一把枪——的所在地。有天使的帮助，有圣物力量的指引，他们可以与卡布卡一战。

博希蒙德不太可能相信这个故事，毕竟他也许在君士坦丁堡见过圣枪。但他知道这个故事可以鼓舞士气。因此，彼得戏剧般地从教堂地下挖出生锈的金属枪尖后，他率先宣称这是真正的圣枪。他下令十字军禁食 5 天，然后全军出动，将这杆枪放在军前，发起全面攻击。城内只留守 200 人。

一眼望去，十字军满是饿花了眼的骑士，蹒跚步行，与其说他们可怕，倒不如说他们可怜。尽管如此，博希蒙德的出击正合时宜。卡布卡的联盟正濒于土崩瓦解。大多数埃米尔并不信任卡布卡，担心他拿下安条克之后实力过于强大。因此，当十字军出现在阵前，他们纷纷逃跑。卡布卡剩余的军队仍在数量上占优，但十字军的规模令他们不安，于是他们在草地上放火，试图延缓十字军的步伐。风将烟吹到突厥人的脸上，而原计划的战略撤退也变成一场溃败。同时，亚美尼亚和叙利亚牧人也趁机复仇，下山参与了屠杀。

这是一场全面胜利。内堡的突厥守军目睹了眼前的溃败，深知大势已去。令博希蒙德满意的是，他们宣布只向他个人投降，而冷落了老对手图卢兹的雷蒙。后者身患疾病，被迫旁观了整场战役。

雷蒙不能接受这个消息，拒不承认博希蒙德是安条克的主人。他的固执使得十字军的行动戛然而止，但他的态度并非出于小气的原因。和博希蒙德一样，雷蒙也希望作为十字军最高统帅得到认可。精明的他也知道，尽管他个人厌恶拜占庭人，但更需要他们，否则十字军无法长期成功。安条克是拜占庭帝国的主要城市，如果交给博希蒙德，那么十字军与君士坦丁堡的关系将永久破裂。

十字军其他领袖也因为博希蒙德和雷蒙的关系而分化，面对如此情形，他们好几个月都举棋不定。此时，伤寒突然暴发，大胜之后本已高涨的士气再次下滑。普通将士并不在乎哪位统帅将控制安条克，其实他们根本不关心安条克。他们立下军令状，要收复耶路撒冷。留在小亚细亚争执的时间越长，他们就越生气。

眼看军中就要哗变，最终雷蒙和博希蒙德选择妥协。博希蒙德得到安条克，作为交换他承认雷蒙为十字军领袖。在安条克滞留了 15 个月后，十字军终于再次出发，博希蒙德心满意足地留下了。

这是他人生中最伟大的胜利时刻。他加入十字军的目标从来都不只是看到耶路撒冷，而是要建立自己的国家，现在他控制了近东地区一大城市，处在非常有利的位置：既可以支配朝圣者前往耶路撒冷的生意，获利丰厚，又能控制周边相继建立的十字军国家。几个月后他以安条克大公的身份前往刚刚陷落的耶路撒冷，受到了高规格的接待，被视为最重要的地方权贵，也轻而易举地确保了自己牧首候选人的地位。

不幸的是，博希蒙德的胜利着实短暂。他的大胆为自己赢得了财富和权力，也成为他失败的原因。公元 1100 年夏，他留下侄子坦克雷德摄政安条克，自己率 300 名将士前往幼发拉底河上游地区。他误入埋伏圈被俘，沦为突厥人的阶下囚。阿历克塞提出支付赎金，将他送往君士坦丁堡，但博希蒙德断然拒绝，被迫做了三年俘虏，直至坦克雷德筹集到足够资金将他赎回。

博希蒙德不在安条克期间，坦克雷德大大扩充了公国的版图。博希蒙德刚刚重获自由，便挥兵南下，继续扩张，但再次惨痛失利。安条克被撒拉逊人和拜占庭人夹在中间，军队损耗严重，难以自持，更不用说朝某个方向扩张了。只有从欧洲调入大军方可挽救局势。于是，公元 1105 年，博希蒙德离开安条克，向新十字军求援。

这是一次戏剧般的成功。在意大利，无论他走到哪儿都有大批人群前来迎接问候；在法国，腓力国王提出招他为女婿。大家视他为第一次十字军东征的英雄，他的人气之高，使得英格兰国王亨利一世不敢让他登陆，担心他赢得大批贵族的支持。博希蒙德被自己的名望冲昏了头脑，加之他很容易拿拜占庭为自己的不走运开脱，于是他做出了一个不明智的决定：登上君士坦丁堡的皇座，实现旧日梦想。

他率领3.5万精兵良将，悍然入侵达尔马提亚海岸，进攻帝国最西端的城市都拉斯。然而，与前两次不同的是，这一次拜占庭处于强势地位。阿历克塞一边悠闲地率军迎战，一边又鼓动威尼斯海军背后袭击，轻松击溃了博希蒙德的舰队。随后他刻意避免与博希蒙德直接对峙，而瘟疫和围攻劫掠已严重损耗了后者的实力。博希蒙德退路已断，被一系列的战斗挫伤了士气，被迫接受耻辱的停战协议。

这份停战协议相当于无条件投降。尽管拜占庭允许他继续拥有安条克，但只能作为阿历克塞的封臣；他占领的拜占庭领土必须全部归还；安条克大教堂必须正式任命阿历克塞选择的希腊牧首。

他奋战一生，方才见证了耀眼的胜利，却又遭遇如此重挫。博希蒙德甚至不愿回到安条克，而是乘船前往西西里。三年后，他在绝望潦倒中去世，遗体被运往卡诺萨，埋葬在普通的陵墓中。这座陵墓至今可见，墓身上显眼的一行字“BOAMUNDUS”成为其标志。

博希蒙德不同寻常的人生以遗憾的方式结束。多亏有其侄子坦克雷德，安条克公国得以延续，但不再是博希蒙德所设想的主导力量。诺曼人的能量、勇气和宝贵遗产都在更远的西方。即使博希蒙德离世，他们的力量仍在阳光普照的西西里茁壮成长。

第十二章

上帝的右手

Chapter 12

Dextera Domini

吉斯卡尔去世时，诺曼人征服西西里的大业尚未完成。儿子们持续不断地争权夺利，导致他留下的意大利南部领土动荡不安。形势一度很不乐观：看起来诺曼人的进攻似乎终于停止了。没有一位领袖展现出吉斯卡尔的才干，继承他的封号。西西里是南部诺曼人最重要的前线地带，远征任务则落到了吉斯卡尔的幼弟身上。

奥特维尔的罗杰不太可能成为一名征服者。他是老坦克雷德的第12子，比他那著名的兄长年轻16岁。他总是和其他兄弟不太一样，不如他们仪表堂堂，但更善于思考，能控制脾气，展现了家族成员少有的禀赋。

人们对他的早年生活了解不多，只知道那时他在诺曼底的家中生活。也许他和其他兄弟接受了同样的教育，在个人成长时期跟随一位富裕的骑士做学徒。到了24岁那年，除了一人之外，其他所有兄弟都南下寻求财富。若不是遇到了美丽的朱迪思·埃夫勒（Judith d'Evreux），罗杰或许就满足于留守在空荡的家中了。尽管二人社会地位悬殊——朱迪思是“征服者”威廉的亲属，他们还是相爱了，不久后罗杰公开表示要与她结婚。不幸的是他既无土地也无财富。朱迪思的父亲很不高兴，他认为自己的女儿被一个卑贱的骑士拐走了。如果罗杰想要牵起她的手，就得备好合适的彩礼，于是他前往意大利，以求名利双收。

说来也巧，罗杰的哥哥吉斯卡尔正忙着征讨卡拉布里亚，能利用他的本事何乐而不为。二人沿着海岸线一路袭击，5年之内便征服了整个地区。这次经历之后，罗杰野心膨胀，建议拿下一个更富饶的目标。狭窄的墨西拿海峡对面是阿拉伯人控制的西西里岛，距离意大利海岸不到两公里。幸运的是，当时该岛局势一片混乱。

公元9世纪中叶，阿拉伯人第一次从北非登陆西西里，之后100年一直试图从拜占庭人手中夺取该岛。公元965年，他们终于攻克了最后一个拜占庭据点，安顿下来，坐享胜利果实。一个世纪以来，西西里属于北非穆斯林帝国中相对和平的地区，隶属于今突尼斯海岸的城市马赫迪耶。然而，马赫迪耶卷入了伊斯兰世界的权力斗争；与开罗的战争和内战削弱了它对西西里的控制。随着通信瘫痪，岛上民族冲突加剧。最早登岛的阿拉伯人憎恨从马赫迪耶源源不断迁移过来的柏柏尔人，这两个族群都不信任本土希腊人。罗杰进入意大利时，西西里已经被三个敌对的埃米尔分裂，阿拉伯人和柏柏尔人爆发了种族战争。这是入侵西西里的绝佳时机，而且意想不到的是，正是当地一位埃米尔向罗杰发出了邀请。

即使按当时的标准来看，伊本·亭拿（Ibn Timnah）就是个无赖。他为了控制锡拉库萨，杀死了前任长官，并霸占了其遗孀。然后他试图夺取邻邦的领土——领主是墨西拿的埃米尔，正巧还是他新夫人的哥哥，却遭遇了灾难性的惨败。他被迫签署了耻辱的条约，更糟糕的是他借酒浇愁，把沮丧和不满发泄到妻子身上。她逃到墨西拿投奔兄长，愤怒的埃米尔当即发誓要取下伊本·亭拿的人头。酒醒后的伊本遭到追击，被迫离开锡拉库萨，逃往意大利避难。他在卡拉布里亚遇到罗杰，提出与诺曼人协同作战，共同控制西西里。

对罗杰来说，简直没有比这更好的邀请了。尽管正值严冬，绝非发起战争的时机，他还是召集了150名骑士，横渡海峡。起初一切进展顺利。墨西拿长官被引入埋伏圈并被击毙。守卫部队向诺曼人发起攻击，意欲为长官报仇，却遭到重创。不幸的是，罗杰只是凭着年轻的热情击败敌人。他认为现在是攻取墨西拿、实现伟业的良机，便轻率地领军冲击城墙，却功亏一篑，损失惨重。他本想撤回船上，但到了海滩却发现一场暴风雨吹走了所有船只。整整三天，诺曼人被迫扎营海滩，抵挡穆斯林持续不断的攻击，还要想尽办法保暖，处境极其凄惨。到了第四天，船只终于返回，罗杰顺利逃离。

尽管战果令人沮丧，罗杰的决心并未动摇。几个月后他卷土重来，这一次哥哥吉斯卡尔也参与助阵。兄弟二人召集了近500名骑士出征。穆斯林得到了危险警报，派出巡逻队密切注视着海峡，于是兄弟二人心生一计。吉斯卡尔驻扎在海峡北端，大张旗鼓地准备渡海，而罗杰率领一半骑士悄悄地从南端横渡海峡。他在距离墨西拿 5 英里的海岸登陆，并发现这里无人驻守。他向墨西拿进军，路上还截获了一辆穆斯林辎重搬运车，得到了墨西拿守军的发饷名单。更幸运的事情还在后面。墨西拿大部分守军已经北上，准备击退“计划”渡海的吉斯卡尔，留下了空无一人的城墙。随着罗杰手下第一个士兵推倒了城垛，城内居民举手投降，罗杰的旗帜在城头升起。海岸边的穆斯林守军看到了旗帜，这才意识到发生了什么事情，仓皇逃往内陆。

现在诺曼人在西西里有了立足之处，但他们没有时间休整享受。兄弟二人参加了希腊人主持的感恩崇拜仪式，然后便加入阿拉伯盟友伊本·亭拿的行列，向西西里中部的高原地区进军。他们的目标是拿下恩纳（Enna）这一要塞，给伊本的妻兄致命一击。但他们兵临城下时，才发现这座城堡固若金汤。更糟糕的是，埃米尔召集了所有部队蓄势待发，他乐得看到讨厌的诺曼人孤军深入，迷失在他的地盘。埃米尔觉得此时正是一举消灭诺曼人的良机，于是发起了猛烈的攻击。

这是西西里的穆斯林第一次与诺曼人正面交锋，之后 30 多年这样的经历会重演很多次，但结果都是一样的。尽管人数远远超过对手，但阿拉伯轻骑兵面对着诺曼重甲骑士，毫无胜算。战斗很快结束，对穆斯林来说，这是一场灾难；数千名将士阵亡或被俘，幸存者都躲进城堡的安全屋，拒绝再次出战。

诺曼人的战利品足够丰厚，每一位参战者都变得腰缠万贯。不知所措的阿拉伯人断定诺曼人不可战胜，更重要的是，诺曼人也这么认为。随后几年诺曼人在数量上总是处于绝对劣势，但上阵杀敌绝不犹豫。

兄弟二人大获成功，但如何充分利用成功，他们意见不一。吉斯卡尔一如既往地担忧欧陆的情况，因为当地又发生了一起叛乱，他需要撤军。但罗杰希望继续进军。他们没有重型攻城装备，因此不可能猛攻恩纳，但至少可以向投降的城镇收取保护费，进一步削弱埃米尔的物资供应。作为兄长，吉斯卡尔的意见最终占了上风，但罗杰在西西里停留了足够长的时间，攻占了特罗伊纳。这座城镇坐落于山上，是希腊人居住地，可以俯瞰周边的平原，战略位置优越。兄弟二人的矛盾日益激化，眼看就要失控，但罗杰只能服从兄长。到了圣诞节，他带领最后一批部队返回意大利。吉斯卡尔在宫廷中召见他。令他意想不到的是，迎接他的是失联已久的朱迪思。

在政治联盟的时代，罗杰和朱迪思的爱情难能可贵。朱迪思的父亲位高权重，是一位野心勃勃的贵族，决心利用女儿拓宽自己的人脉。但朱迪思坠入情网，进入修道院，巧妙地避开了父亲，也避开了条件更好的求婚者。她耐心地等待了五年。那时她的父亲与威廉公爵发生了争执，被迫带她逃离诺曼底。到了意大利，朱迪思迫不及待地放弃了誓言，直奔吉斯卡尔的宫廷。

二人享受着重逢的喜悦，罗杰当即向朱迪思求婚，她落魄的父亲也同意了这桩婚事。然而，有一个尴尬的问题出现了。罗杰要和诺曼底最显赫的家族联姻，但没有任何土地能作为彩礼赠予朱迪思。他腰缠万贯——最近的战果给他带来了这一切——但吉斯卡尔拒绝给他任何领土。问题的原因在于兄长嫉妒心强。吉斯卡尔拥有的一切都得靠自己打拼而来；早年他在意大利经历了残酷艰难的时刻，如今他的小兄弟只是等着他白白送出一些土地。当然，他不只为这点小事生气。土地及其产生的收入，将带给罗杰独立的权力来源，不受吉斯卡尔的控制。这样，罗杰将变成一个潜在的威胁。

然而，罗杰不再是那个青涩稚嫩的年轻人，不再只死心塌地为兄长效命，更不会甘于被视而不见。他正式向吉斯卡尔提出了领土要求，并告知兄长，如果40天内不给出答复，他将诉诸武力。吉斯卡尔并不觉得好笑，他召集军队向卡拉布里亚进军。罗杰已经严阵以待，双方很快在乡间兵戎相见。吉斯卡尔曾把罗杰困在一个小镇中，但他要求进镇时，当地居民支持罗杰，当着吉斯卡尔的面将城门关闭。此时此刻吉斯卡尔意识到，摧毁自己的领土只会产生适得其反的效果，于是他试图用计谋取代武力，以结束战争。

镇里有吉斯卡尔的支持者，如果他能与这些人取得联系，就有机会从内部瓦解罗杰。他成功地潜入镇里，与这些拥趸会面。但事与愿违，路人认出了吉斯卡尔。他几乎当场丧命，只是靠着虚张声势、威胁和恳求，方才得以自保。尽管保住一命，但结果比死要糟糕得多：他被拖到罗杰面前，接受问讯。

罗杰一定感到心满意足了。仅此一次，他高高在上，审讯兄长。但罗杰也相当聪明，并没有借机发泄心中不满。兄弟二人需要彼此，相比于狭隘的复仇心理，实用主义的思维仍然占据上风。或许罗杰的不慌不忙让吉斯卡尔感觉到了压力，但那和接下来发生的事情一样，只是逢场作戏。吉斯卡尔被带到兄弟*面前。罗杰当众拥抱他，号啕大哭，并许诺再也不会让他们兄弟之间产生敌意。吉斯卡尔站在自己的角度，也完全吸取了这个教训。兄弟二人再也没有争吵过。

矛盾的解决给了罗杰在西西里喘息的机会，但不走运的是家族对立的传统延续到了下一代。吉斯卡尔刚刚去世，他的儿子们便开始争执不休。已经成为老资格政客的罗杰，又要承担重任，将分裂的家族团结起来。与穆斯林作战的间隙，他不得不定期返回意大利，解决自相残杀的事件，这些麻烦事大大延缓了他征服西西里的步伐。

在罗杰暂回意大利期间，他让私生子约尔丹（Jordan）负责西西里的作战行动。显然这个男孩继承了他伯父的锐气，因为年轻的他既狡猾多端又凶残勇猛，延续了征讨的步伐。他通过偷走家畜占领了一座城市，又凭借引诱外面的市民夺取了另一座城市，率领手下骑士，镇定自若地要求对手投降。然而，这次成功刺激他谋求更多。作为私生子，他没有继承权，在他看来这就意味着必须要为自己拓土开疆。随着罗杰平息了意大利的动乱，达成又一个停战协议，返回西西里，他发现约尔丹已经发动了全面叛乱，目的是要得到（他自认为）属于自己的遗产。

颇具讽刺意味的是，约尔丹是罗杰最宠爱的儿子，几乎肯定会得到大量的遗产。然而，家族和平似乎总是罗杰不可触及的愿望。罗杰严厉地镇压了约尔丹的叛变，但也完全原谅了他。然而几个月后，约

* 他们在一座古老的罗马大桥会面，为纪念罗伯特，这座桥仍然被称为“奎斯卡尔多大桥”。“奎斯卡尔多”（Guiscardo）是“吉斯卡尔”（Guiscard）的变体。

尔丹因高烧而去世。*

罗杰为家族事务而分心，与此同时西西里的局势也在恶化。他的盟友伊本·亭拿遇刺身亡，不过这倒不是特别巨大的损失，因为罗杰从未打算与他人分享权力。更严重的问题是，当地人不再把诺曼人视为解放者。当然，这只能归咎于罗杰本人，因为他的威胁政策虽然帮助他敛财致富，但不利于建立当地人的忠诚。他征服的地区充斥着潜在的东正教支持者，但他忙着敛财，无暇经营地方，获取当地人的支持。

他吃了不少苦头，方才意识到与当地人维持良好关系的重要性。罗杰回到西西里东北部的大本营，发起战斗。为了征用当地宫殿给新婚妻子使用，他们的行动已经停滞了太久。他刚率军出征，城里的希腊人和穆斯林全部揭竿而起。朱迪思沿着街道拼死逃亡，设法躲进了附近城堡的安全屋。第二天罗杰返回，但对手实在凶猛，他无法救出妻子，反而和她一样被困住。

那年冬天极其寒冷，尽管罗杰粮草充足，但燃料和御寒衣物严重短缺。到了第二年年初，他们终于看到了出路。围攻者靠着城里的美酒供应保暖，时间一长他们的纪律意识开始淡薄。一个寒冷的夜晚，他们醉得不省人事，麻痹大意，甚至没有派一名守卫站岗。当晚罗杰和手下士兵潜入敌军军营，屠杀酣睡中的穆斯林。

双方都对这次经历感到后悔，罗杰再也不敢忘记这个教训。从那

---

* 根据史实，约尔丹是死于发动叛乱的几年之后，而非几个月之后。

天起，他小心翼翼地迎合当地人，不分信仰或种族。他这么做很好，因为现在北非穆斯林正在采取攻势。非洲海岸城市马赫迪耶的穆斯林统治者重申自己对西西里的合法统治权，并命其子率领两支大军攻击诺曼“暴发户”。他们向内地进军，到了特罗伊纳西边的小镇切拉米（Cerami），与罗杰狭路相逢。形势对罗杰极其不利。撒拉逊军队兵力多达3.5万人，而罗杰只能召集到130名骑士和300名步兵。但诺曼人的自信简直不可撼动，加上罗杰人在山顶，处于居高临下的有利位置。整整三天穆斯林军队都在等着诺曼人下山。第四天他们失去了耐心，冲向山上，渴望早日一决高下。惨烈的战斗持续了一天，但最后纪律性更强的诺曼人占据了上风。穆斯林一次次的冲击无法打破他们的防线，长时间的上山爬坡反而让穆斯林精疲力竭。穆斯林撤退时，诺曼人终于下山追击，原计划有序的撤退就此变成一场溃败。到了傍晚，诺曼人拿下了穆斯林的军营和辎重，撒拉逊部队人心涣散、溃不成军。

这是历史上最非同凡响的一场战役。一小股部队不仅成功抵挡了兵力70倍于自己的敌军，而且彻底将其打败。如果以前还有人质疑诺曼部队的优势，现在质疑的声音也消散了。尽管穆斯林还控制着西西里四分之三的地区，诺曼人已经有效打破了他们的抵抗。他们再也无法组织有效进攻，也不能协同防守。从那一刻起，最后的征服只是时间问题了。

然而，谁也不清楚需要多久才能完成大业。罗杰试图乘胜利之势拿下巴勒莫，给穆斯林致命一击，但遭遇惨败。巴勒莫是地中海地区第三大城市，人口25万——仅次于君士坦丁堡和开罗——只有数量规模极大的军队才能将其征服。罗杰说服吉斯卡尔提供火力，但巴勒莫通往海洋，因此地面围攻没有效果。更糟糕的是，罗杰选择的宿营地有大量狼蛛出没，不少将士被咬伤，伤痛彻底打击了士气。3个月后，他们为了减少损失被迫撤退，并决定等有了船只后再卷土重来。

吉斯卡尔返回意大利做了必要的安排，但为了镇压叛乱和抵抗拜占庭大军，又耽误了7年。与此同时，罗杰利用柏柏尔人和阿拉伯人的多年冲突，让他们不得安宁。由于长期以来人力缺乏，他学会了耐心，满足于缓慢前进、巩固战果。公元1068年，罗杰在一次出击时落入柏柏尔人残余势力的埋伏。对手仗着人多势众，要求罗杰投降。但意想不到的是，罗杰乐观地选择进攻，命骑兵数次冲击，消灭了敌人。

穆斯林暂时没有冒险与罗杰公开交战，而后者充分利用这场胜利，打起了心理战。他用敌人的血写信，详细描述战果，并飞鸽传送到巴勒莫。随后罗杰亲自率军攻城，吉斯卡尔的舰队也早就严阵以待。面对如此阵势，这座城市几乎当场投降。罗杰提出的条件，表明他已经从特罗伊纳的叛乱中吸取了教训。尽管他要求巴勒莫接受诺曼人的统治，但穆斯林只要承认新政权，就能享有宗教信仰自由。这种符合常识的解决方案及多数人的宽容，构成了诺曼人的统治基础。这是一个缓慢痛苦的过程；完全征服又多花了20年，但罗杰所到之处，无不提出保留宗教信仰这个条件。希腊人的教堂由国家出钱重新修建、翻新；占西西里人口80%的穆斯林获准按照过去一个世纪的方式生活，也可以继续坚持100年以来的信仰。负责税收和司法的地方政府得以保留，新的行政机关还吸收了东正教教徒和伊斯兰教信徒。

唯一严重的阻力来自西西里东南海岸的主要城市锡拉库萨的埃米尔，但罗杰必须要亲自面对这个敌人。巴勒莫沦陷后，吉斯卡尔带着大部分兵力离开了西西里，再也没有回来。

攻取锡拉库萨的第一步是要确保切断它与北非的联系。柏柏尔军队仍然分布在西西里周边，马赫迪耶的埃米尔也在制造麻烦，令人觉得不祥。不过内战切断了他和北非内陆的联系，因此急需西西里的小麦。罗杰深知他的困境，聪明地提出签订专用贸易协议，为马赫迪耶提供一切所需的粮食，从而使他保持中立。

作为回击，锡拉库萨的埃米尔突袭罗杰领地上的一个修道院，劫走一些修女，强占为妾。这一行径极有可能引发宗教战争——这是罗杰不惜一切代价也要避免的结果——于是他立即采取行动。罗杰召集大军，其规模前所未有。他派舰队从海上封锁该城，并从陆上进军。舰队率先到达，与穆斯林船只在海上交战，地点正是1500年前雅典海军在伯罗奔尼撒战争中失利的地方。这次战争同样起到了决定性的作用。埃米尔亲自指挥战船，但不幸从船上落入水中。手下惊恐失措，还没来得及施救，他便已经被装甲部队拽入水底。锡拉库萨抵抗了数天，但失去了埃米尔，当地军民无心殊死一搏，最后选择投降。

这次胜利实际上消除了穆斯林在西西里的势力。尽管尚有残存势力，但双方都意识到战争结束指日可待。之后30年，罗杰大多时间都在无情地镇压这些势力，到了公元1086年春，唯一仍在反对他的埃米尔只有伊本·哈穆德（Ibn Hamud）。此人盘踞西南海岸的阿格里琴托（Agrigento），但其势力源于西西里岛中心地区城市——恩纳的一座堡垒。那座堡垒固若金汤，罗杰和罗伯特都曾试图攻取，但无一成功。而且由于资源有限，再次发动正面攻击显然不会产生作用。不过征服对手的办法不只有凶狠的武力，罗杰很快心生一计。他如往常一样仔细准备。第一步是切断伊本·哈穆德与潜在盟友的联系。西西里的穆斯林历来都会获得北非方面的援助，但罗杰成功地与突尼斯埃米尔结盟，切断了其与伊本·哈穆德的联系。罗杰手下的外交官乘胜归来不久，另一位信使传来消息：一支突袭部队成功抓捕了伊本·哈穆德的妻儿。

现在唯一要做的就是给穆斯林致命一击。毫无疑问，罗伯特·吉斯卡尔极力主张他的优势，趁着伊本·哈穆德战败后尚未恢复元气，猛攻恩纳。但罗杰有更精妙的策略。他完全清楚，伊本·哈穆德的家人是自己手中的重要筹码。因此他小心谨慎地优待这些俘虏，给予他们足够的尊重。他们的旅途非常舒适，享受与罗杰同坐一桌的荣耀。除了没有自由，他们的一切要求都得到满足。罗杰从容不迫，重建防御工事，巩固诺曼人对新领土的统治。伊本·哈穆德成为孤家寡人，不得不考虑继续抵抗是否还有意义。

伊本·哈穆德很快认识到现实情况。穆斯林在当地日益站不住脚，外部援助的希望也彻底破灭。由于罗杰的怀柔政策，伊本·哈穆德很难唤起人们的反抗情绪，也无法激发残余部队继续为注定无法成功的战争流血牺牲。

公元1087年初，罗杰认为谈判时机已到。他只携带100名骑士，前往恩纳要塞脚下，邀请伊本·哈穆德谈判。显然，这位埃米尔已经放弃抵抗。由于罗杰善待其家人，他个人决定与诺曼人达成一些协议。二人亲切交谈，但谈及投降时，伊本·哈穆德悲伤地表示，这样做丧失气节，不可接受。他继续说道，即使自己向来不是一个诚实正直的人，手下也绝不会接受这种懦弱的行径，到时候他还没来得及打开要塞大门就会被杀死了。

罗杰敏锐地捕捉到伊本·哈穆德的言外之意，他提出了新的解决方案，可以保住其颜面。几天后伊本·哈穆德率领主力部队进入“精心设计”的埋伏圈。为了保住将士的生命，他“高尚”地提出投降。诺曼人顺利拿下恩纳，无人伤亡。

感激不尽的伊本·哈穆德受洗成为基督徒。诺曼人提供了不少大庄园，任其选择居住。他选择了卡拉布里亚，远离昔日权力中心，如此一来，老地盘上发生任何叛乱都不会牵连到自己。他也得以跻身贵族行列。人们有意忽略了伊本·哈穆德过去荒诞无道的生活（他娶了自己的表妹），他平静地度过余生，再也没有掀起波澜，成为受人尊重的小贵族。

罗杰又多活了13年。在此期间他精简政府、提高行政效率，扩大自己在意大利的影响力。罗杰主要致力于增加臣民财富，避免卷入大规模冲突。*第一次十字军东征发起之时，他实际上是唯一没有响应的

* 他发起的最后一次战役是1091年入侵马耳他。他攻陷了都城之后，从他的红白格图案的旗帜上撕下一部分赠送给马耳他人。

王公显贵。罗杰的领土上穆斯林数量远多于诺曼人，地方财富积累也依赖与北非的贸易，因此他最不希望发生的就是宗教战争。他对外正式宣称保持中立，也向穆斯林贸易伙伴施压，要求他们保持中立，事实证明这是正确的经济政策。到了世纪之交，西西里已是前所未有地稳定、繁荣、安全。贸易兴旺，艺术蓬勃发展。由于十字军运动，欧洲和黎凡特的贸易涌向巴勒莫和墨西拿市场，带动它们发达致富。

罗杰唯一的遗憾就是挚爱朱迪思不能伴其左右、共享美好。她于公元1080年去世，留下了4个女儿。第二任妻子为他生下3个女儿后也撒手人寰。罗杰已经年过花甲，自己也深感年事已高。和其他负责任的统治者一样，他最大的担忧在于谁来继位。

两个嫡子显然不行。长子童年早逝，次子身患麻风病。私生子约尔丹在几次战斗中展现了指挥官的潇洒，但在公元1092年因高烧去世。同年罗杰第三次结婚，新婚妻子阿德莱德*顺利生下两子。大儿子取名西蒙（Simon），小儿子随兴奋的父亲取名罗杰。老罗杰现在可以安息了，因为后人将会继承他的名字。6年后，治国贤明的罗杰安详离世。他的军事胜利成为传奇，但真正高明的是他的统治。作为不可多得的领袖，他不仅知道如何征服，更重要的是知道如何统治。他初到西西里闯荡时年仅26岁，是一名年轻而志向远大的骑士。44年后，走完一生的他已经是地中海地区伟大的政治家。时至今日，罗杰的治国才能仍是西西里人的美好回忆。他们亲切地称他为“伟大

* 阿德莱德是一名来自皮埃蒙特的贵妇，她之所以被认为是一位理想的妻子，据说是因为她拥有优异的生育能力。

的伯爵”。

直到罗杰离世之后，他留给西西里最后的礼物才为人所知。强大的统治者留给身后的总是不确定性和无序，但罗杰一生都致力于善治，并在他死后得以继续。他去世时，最终继承衣钵的罗杰二世年仅5岁。尽管长期幼主统治往往会导致动乱，但12年间，罗杰二世没有遇到反对势力，执掌了安宁稳定的国家。鲜有统治者能留下比这更好的遗产。

第十三章

罗杰国王

Chapter 13

Rogerios Rex

老罗杰死后，西西里政权惊人地稳定，其部分原因在于奥特维尔家族人丁兴旺，不同寻常。除了膝下有子，老罗杰至少还有 12 个女儿，这就意味着会有 12 个潜在的女婿为继承权而争斗。从老罗杰的儿子们手中夺取控制权并不困难。他去世时，大儿子西蒙年仅 8 岁。尽管人们忠实地拥戴西蒙为西西里和卡拉布里亚伯爵，但实权掌握在母亲阿德莱德手中。

在旁观者看来，灾难即将发生。阿德莱德与治下臣民非常疏远。她来自意大利北部，与南方人大不相同，说拉丁语已经很费劲，会讲一点法语，完全不会阿拉伯语和希腊语。在她看来，诺曼贵族几乎和西西里人一样陌生，永远争吵不休，只会对更强大的统治者感到恐惧。对任何人而言，贯彻自己的意志看起来都是不可能的任务，更不用说一个外国女人了。

但阿德莱德还是做到了。她不仅自己做到了（这本身就是一个成就），还为儿子们营造了稳定和平的摄政时期。留存下来的记载略过了阿德莱德采取的方法，但她是诺曼西西里时代未被赞颂的英雄，值得后世铭记。

她掌权期间并非全无挑战。四年后年轻的西蒙去世，阿德莱德做出了摄政时期最重要的决定，从墨西拿迁都至贸易城市巴勒莫。随后她将爵位授予10岁的罗杰二世，面对意大利、阿拉伯、希腊和伦巴第朝臣，正式推举他为伯爵。这一变化体现在罗杰二世的余生之中。为他打下江山的人——罗杰一世、罗伯特·吉斯卡尔、“铁臂”威廉，都是彻头彻尾的诺曼人。罗杰二世从小丧父，成长在西欧最国际化的城市，与他们完全不同：他是西西里人。

罗杰二世16岁那年，阿德莱德认为他已足够成熟。由于第一次十字军东征的成功，经济蓬勃发展，西西里市场贸易规模巨大。如果再不放权似乎也没什么意义；她已经推举罗杰二世为领袖，现在是时候给他让位了。但阿德莱德也热衷于自己的新计划。耶路撒冷国王鲍德温（Baldwin）撇开妻子，正在追求阿德莱德（更准确地说，追求她的财富和军事力量）。那年春天，他派使者前往巴勒莫，轻率地吩咐他们答应阿德莱德提出的一切要求。如他所料，阿德莱德讨价还价。鲍德温膝下无子，而阿德莱德始终关心其子的利益，提出这样的条件：如果现状没有改变，那么阿德莱德死后由罗杰二世执掌耶路撒冷。鲍德温答应了她的要求。随后，阿德莱德登船前往黎凡特，排场之大足以配得上这个女人的身份。西西里迎来了新时代。

罗杰二世身体健康、腰缠万贯，但他和先辈们一样野心勃勃，希望把金钱转化为军事力量。盘踞海岛，最有效的办法就是打造一支海军。幸运的是，罗杰二世有一名才华横溢的文官为其效力。这个人就是克里斯托杜勒斯。他的才华得到罗杰二世的认可，获封新头衔，成为海军最高统帅。他将阿拉伯词语“emir”（埃米尔）拉丁化，创造了“ammiratus”一词，设立了历史上第一个“海军大元帅”的官衔。

克里斯托杜勒斯没有让罗杰二世失望。他打造的海军训练有素，无疑是西地中海地区最强的武装力量。罗杰二世只需要一个动武的借口，他很快就找到了。自从阿拉伯人统治西西里以来，北非城市马赫迪耶就是西西里各港口的贸易伙伴，积累了大量财富，因而得以控制周边海岸地区。这也导致马赫迪耶树敌不少。当其中一位敌人在巴勒莫获得接见时，马赫迪耶的埃米尔以武力回应。他出兵卡拉布里亚，袭击罗杰的领土。即使按当时的标准来看，这种暴行也是出人意料。尼科泰拉（Nicotera）整座城市从地图上消失了。女人遭到奸污，男人和孩童惨遭屠戮，所有价值不明的物件无一例外遭到洗劫，被待命的船只运走。作为最后的警告，他们将这座城市付之一炬。

这不只是简单的袭击，它给了中世纪权力核心沉重的打击。民众对领主的忠诚取决于他保护他们的能力。如果长期不着手复仇，他就面临权力基础严重削弱的危险。手下的贵族也会带来威胁。尽管这些人不会直接面对他，但他们很乐意趁火打劫，从中渔利。如果卡拉布里亚人民不再信赖巴勒莫方面的保护，他们会转而效忠更可靠的贵族。罗杰二世当即命令克里斯托杜勒斯出兵马赫迪耶。

北非的形势看起来日益乐观。马赫迪耶的埃米尔去世，尽管他14岁的儿子掌控了城市，但整个地区仍陷入动乱，因为各方小势力纷纷跳出来清算宿怨、争夺权力。克里斯托杜勒斯抵达之时，没有一艘撒拉逊战船阻止他们登陆。看起来诺曼人将轻松赢得战争，然而他们运气不佳。一场凶猛的暴风雨让他们偏离路线达10英里，迫使他们到周边小岛的沙地上寻求庇护。第二天早上克里斯托杜勒斯离开大部队，侦察马赫迪耶的防御力量。他离开后，一支穆斯林军队发现了他的营地，趁火打劫。士气低落的诺曼人为了挽回局势，试图攻占海岸上的一座城堡，但此举非但没有震慑马赫迪耶人，反而产生了负面作用。钩心斗角的北非人现在有了共同的敌人，随着年幼的埃米尔发起圣战，他们纷纷响应。大多数诺曼人得以退到船上，但来不及撤退的将士无一例外遭到屠杀。克里斯托杜勒斯别无选择，只能减少损失，返回巴勒莫。但即使到了那时灾难仍未结束。返航路上他们遭到另一场暴风雨的袭击，最后只有三分之一的将士顺利返回。

年轻的罗杰二世第一次展示力量，便遭到痛苦的回击，他的威望因此大跌。他拒绝亲自领兵出征，就足以令与他父亲同辈的各方贵族冷眼相待。而且他大力吹捧的海军竟然败给了14岁的小孩。很快，他面临着找出替罪羊的压力，而克里斯托杜勒斯自然成为不二人选。值得一提的是，罗杰没有这么做。没有报复，也没有大清洗。罗杰二世永远不会忘记这个耻辱，但他耐心十足。不是不报，时候未到。选好时机之前，罗杰二世不会轻举妄动。

此时意大利更是蕴藏着大好良机。整个南方处于动乱。罗杰的伯父吉斯卡尔非常强势，采用铁腕统治，但其子罗杰·博尔萨过于软弱，无法驾驭顽固的贵族。博尔萨去世后，继位的威廉能力更弱。到了公元1121年，卡拉布里亚彻底陷入无序状态。威廉长期财力不足，出了个人城堡便几乎没有威信。作为一个十足的机会主义者，罗杰二世借机邀请堂弟前来参加盛宴。他的宴会盛大奢华，有意无意地展现了其雄厚财力。罗杰二世以经济援助为诱惑，条件是继承威廉的领土。威廉迫不及待地同意了。罗杰二世退回巴勒莫，静候时机。

与此同时罗杰开始关注马耳他。他的父亲曾入侵该岛，强迫阿拉伯统治者进贡，但罗杰二世不能容忍西西里周边存在阿拉伯统治区。公元1127年他的海军重整旗鼓，意欲一举消除这个威胁。这一次海军的指挥官是一个年轻的拜占庭人——安条克的乔治。

乔治十几岁时便离开小亚细亚，前往北非，为马赫迪耶的阿拉伯统治者效力。由于失宠于埃米尔之子，他决定在诺曼人入侵前夕转投西西里。为了顺利叛逃，他一直等到周五主麻，趁着穆斯林都去做礼拜，伪装成水手，悄悄搭上一艘商船。抵达巴勒莫后，他径直来到王宫，要求安排职位。他的大胆收到了成效。罗杰二世向来善于识人，当即发现了乔治的利用价值：他精通北非的语言和政治形势。罗杰二世任命乔治为克里斯托杜勒斯的副指挥官，在马赫迪耶远征数年后，乔治的名望已经压倒了克里斯托杜勒斯。

马耳他的征途一帆风顺，预示着他们将迎来胜利。穆斯林被逐出马耳他，这座岛屿被纳入罗杰日益扩张的统治范围。乔治回到巴勒莫，迎接他的是盛大庆典，随后他得到了更好的消息。罗杰二世的堂弟威廉突然去世，根据约定，罗杰二世继承了卡拉布里亚。

问题在于，威廉和不少庸碌无能的统治者一样，对很多人做出了同样的承诺——其中就包括教皇。这些人纷争不休，只对一点达成了共识：罗杰二世应该一无所得。某个人物独占整个南意大利和西西里，这对教皇而言无异于噩梦；当地诺曼贵族已经习惯于享受自由，不愿意接受强大的中央权威统治。罗杰二世不得不迅速行动，否则各路敌人就有机会组织行动。

他派安条克的乔治攻占萨勒诺，打响第一次进攻。萨勒诺严阵以待，大门紧闭，于是乔治花了十天乘船反复视察城墙。进攻部队出奇地安静，反倒令守军感到不安。上一次萨勒诺抵抗诺曼人入侵，他们的对手是吉斯卡尔。后者进城之后，没有半点心慈手软。萨勒诺人没有做好再次冒险的准备。他们判断，这位奥特维尔家族成员志在必得，而且尚有意开出条件，因此和他达成和解是更好的选择。于是，萨勒诺人选择投降。

面对胆敢坚持抵抗10天的萨勒诺，如果是吉斯卡尔，他可能仍会处死一些领头人物。但罗杰二世在战场上更像一个拜占庭人。他最喜欢外交胜利；他的军队毫发无损，所到之处并没有破坏当地的治理机构。罗杰二世部署了一小股守城部队，便迅速进军内陆，攻占贝内文托。兵临城下之后，他惊讶地发现主要对手教皇也在那里，身边只有少量随扈。罗杰二世留下一支围攻部队，困住教皇，自己则率军从容地进入南意大利，一路剿灭了所有抵抗势力。正如萨勒诺的情况，整个行动几乎没有流血。叛乱贵族四分五裂，无法整合力量，也没有愚蠢到独自对抗罗杰。有些人的抵抗也不过是做个姿态，最终还是选择减少损失，拥戴罗杰为他们的领主。

现在唯一坚持抵抗的就是教皇。尽管他个性独立，绝不轻易放弃，但也已经被困在贝内文托，无法制造麻烦。因此罗杰非常满意地返回巴勒莫，他从来都不想离开太久。

然而，庆祝胜利还为时过早。罗杰二世的部队前脚刚离开，形势已经改变。一些宣誓效忠的贵族心有他念，教皇也逃出贝内文托。他们发现组建一个庞大的反西西里联盟并非难事。两个月后，那些曾宣誓效忠罗杰二世的南意大利贵族再次单膝跪下，发誓要推翻半岛上罗杰二世的全部势力，否则决不罢休。

尽管危险就在眼前，但罗杰二世刻意表现得十分冷静，从容不迫地召集军队，一路经过支持力量最强的意大利“踵”部地区。雄厚的财力是罗杰的巨大优势。和对手不同，他随时可以供养一支庞大的作战部队。但他最有力的武器是时间。罗杰二世深知，如果自己足够耐心，不去发起大战，炙热的太阳和募兵*的焦躁将替他解决问题。

与此同时，教皇发现他的盟友根本不受控制。他们背叛罗杰二世本就是独立自主的行为，因此注定无法协同作战，而且还不断地威胁要退出联盟。没有作战行动，教皇的军队也日渐瓦解。

尽管度日如年，罗杰二世坚持了这一策略。即使两军偶遇——教皇的先锋部队曾在渡河时误入诺曼人阵中——罗杰二世也只是撤至高

* 封建骑士只被要求在一年中某一段时间内服役。强势的领主对他们控制的时间可能会长一些，但即便是国王也不可能无限期地征用他们。

地，等待时机。整个7月，双方都只在炎炎烈日下盯着对方。盟军阵中的不满情绪随之爆发：招募的士兵无所事事，毫无用武之地；贵族们开始为下一步行动争执不休。到了8月，盟军日渐萎缩，教皇开始重新考虑策略。他的同盟脆弱不稳，难以维系；而罗杰二世的部队纪律严明、行动有序，简直令人绝望。无论何时，这个对手都强大得难以战胜。接纳诺曼人或许是更好的策略。自“铁臂”威廉的时代起，南意大利任何一个强大的统治者都是潜在威胁，历代教皇避之唯恐不及。但意大利半岛需要和平，因此由一个危险的强人统治也比当前的动乱要好。此外，顽固的地方贵族不可能成事——就让罗杰二世对付他们。

于是教皇撤军，并派人给诺曼人送信，表明他愿意正式承认罗杰二世对南意大利的统治权。失去了教皇的支持和凝聚，叛变的贵族土崩瓦解，同盟军随之解散。罗杰二世兵不血刃战胜了敌人。

教皇为了维护自己的尊严，坚持反对在教皇国举行加冕仪式。因此，公元1128年8月22日晚，他与罗杰二世在贝内文托城外的一座桥上会面。2万人汇聚于此，每个人都高举火把。在他们的见证下，教皇加封罗杰二世为阿普利亚、卡拉布里亚和西西里公爵。

正如教皇疑虑的那样，在场的诺曼贵族对新的领主没什么感觉。没有人质疑罗杰二世的才智——上一次军事行动足以证明这一点——但他不愿意征战沙场，这一点不符合诺曼人好战的性格。坐等敌人瓦解，看起来像懦夫之举；只有战场获胜才能赢得诺曼人的尊重。

这些人天生反感中央权威。尽管现在他们屈服于罗杰二世的大军，但后者一死他们还会起兵叛变。即使强如吉斯卡尔，也无力改变。似乎是为了印证这一点，当罗杰二世还在加冕之时，又一场叛乱已经爆发。

罗杰二世用了一年，才以几乎不流血的方式平息了叛乱。他把叛变的贵族一个个地拿下，一点也不着急远征，直到确定整个国家安定无事。令这些贵族大感惊讶的是，随着最后一股叛军投降，罗杰二世慷慨地宽恕了所有人，并召集了南意大利的所有贵族和神职人员。罗杰二世曾长期思考一些问题：如何解决诺曼领地上的结构性不稳定，如何打破上个世纪以来逐步形成的你争我斗的部落社会。他想出了新的对策：结合宣传和法律，把临时拼凑的各方领地整合为一个国家。

无论是神职人员还是贵族，在场所有人都见识了公爵炫目的财富，并重新向罗杰及其两个儿子效忠。出于尊重公爵及其财富，他们重复了旧日的诺言，而且还加上了新的誓词。地方贵族曾误以为罗杰二世的外交手段和宽恕只是心慈手软，但如今发现他是外柔内刚。他们必须发誓不再私自参战，禁止各自领地上的不法行为，所有的土匪强盗都必须交由公爵依法惩处。为了确保最后一项得到遵守（罗杰二世还没有愚蠢到相信他们的承诺），他赋予司法机构相当的权力。如果任何贵族没有遵守誓言，执法人员就会像对待普通罪犯那样追捕他们。诺曼人自来到意大利后长期拥有“领主权”，但这一传统生活方式戛然而止。从那以后，贵族和他们治下的农民一样，也要受法律约束。这是自诺曼人到来之后南意大利最重要的发展。

毫无疑问，多数人希望这些只是暂时的，随着罗杰二世返回西西里就会结束。然而他非常认真。接下来在罗杰二世漫长的统治期间，他要求贵族们在所有公开场合都重复誓言，并实时更新，以防任何人禁不住诱惑，将其忘在脑后。

彼时32岁的罗杰二世取得了巨大成就，胜过吉斯卡尔时代以来的所有诺曼人。他战胜了强硬古板的教皇和敌方叛乱势力，统一了意大利所有的诺曼领地，并实现了比吉斯卡尔更强的统治。然而，和奥特维尔家族其他成员一样，他仍有更大的梦想。总的来说他已经拥有了一个王国，现在他想要一顶王冠。

当时的教皇绝不可能同意，但罗杰二世非常幸运，因为这位教皇第二年便去世了。最被看好的继承人是拥有犹太血统的枢机主教，人称阿纳克莱图斯二世（Anacletus Ⅱ）。此人颇受欢迎，然而他的支持者尚未来得及有所组织，一些反对他的枢机主教便匆忙选出了一位改革者，名为英诺森。选举团大多数枢机主教支持阿纳克莱图斯，对此深感愤怒。他们依然继续推选阿纳克莱图斯为教皇。因此，之后几个月罗马出现了两大对立阵营，互相指责对方的教皇没有合法性。

阿纳克莱图斯家境殷实，频繁捐赠公共娱乐事业，远比英诺森更受欢迎。经过双方几次街头战斗，英诺森也相信了这一事实。他从罗马逃往法国，欣喜地发现形势已经反转。由于宗教改革运动席卷西欧，这位流亡的教皇成为轰动一时的人物。除了在意大利，没有人愿意回到黑暗腐朽的旧时代，看着罗马贵族摆布教皇，但出身高贵的阿纳克莱图斯似乎会把人们带回那个时代。最德高望重的克莱尔沃的圣伯纳德*也参与其中，支持英诺森。伯纳德看起来只是法兰西一家小修道院的院长，但实际上他统治欧洲将近20年，所倚靠的完全是个人魅力。随着他宣布支持英诺森，法兰西、英格兰国王及德意志皇帝也迅速宣誓声援。

几个月前阿纳克莱图斯还参与了罗马街头的胜利游行，但如今他突然发现整个基督教世界都反对自己。惊恐之下，他转而求助尚未明确表态的政治力量——西西里。

罗杰二世唯一的条件也很好预料，就是要阿纳克莱图斯为其加冕。阿普利亚、卡拉布里亚和西西里彼此差异极大，罗杰二世需要王权的神秘感将它们凝聚整合。阿纳克莱图斯并不具备讨价还价的资本，对此双方都心知肚明。他象征性地思考一番后，便无条件地同意了。

然而，罗杰二世对加冕仪式的举办也非常小心谨慎。他要表明自己的加冕并非教皇突发奇想。尽管教皇可以同意加封国王，但同一个头衔不能被另一位教皇拿去使用。罗杰二世召集大批显贵、修道院院长和主教，正式提出自己应该加封为国王。他声称，西西里在古代曾经就是王国，所以这并非教皇授予的新产物，而是恢复其原有地位。与会贵族鼓掌欢呼，一致同意，然后解散。现在，罗杰二世可以宣称是民众劝进、请他称王；篡位之说根本不存在。他一如既往地通过官方宣传让这种说法得到接受。其手下制作了马赛克，表明他是从耶稣

* 在他担任圣职的非凡生涯中，克莱尔沃的圣伯纳德几乎在12世纪初所有的主要事件中扮演重要角色。他作为熙笃会的荣誉创始人被人们所纪念，而且他负责了整个欧洲范围内150座修道院的修建工作。

本人手上接过王冠，而非教皇。

加冕仪式于公元1130年圣诞节在巴勒莫举行，人们纷纷涌入这座城市，希望亲眼见证。贵族竞相铺张炫富，当地人每家每户都挂上丝织品，从阳台和窗外撒花欢庆。这场景——正如一位目击者所说——仿佛加冕的是整座城市。此情此景，罗杰二世自然而然是最耀眼的人物。他身着金红两色的礼服，主持了盛大的宴会。就连侍从的制服都使用了高档丝绸，令许多参观的贵族都自叹弗如。宴会使用的餐具也非金即银。

宴会结束后，他来到巴勒莫教堂，站在高大的圣坛前，参与了基督教历史上独一无二的仪式。巴勒莫天主教大主教主持仪式，希腊东正教神父也前来参加，教皇的代表手持圣油。罗杰二世双膝跪下，涂上圣油，首席封臣将王冠戴在他头顶。仪式结束后，他起身站立，教堂大门开启，迎接巴勒莫民众。

西西里见证过许多伟大的地中海帝国，迦太基人、罗马人、拜占庭人和阿拉伯人曾先后统治过这座岛屿。但对这些统治者而言，西西里不过是一个被占领的地方省份，他们需要的只是它生产的粮食。长期以来，西西里被周边更强大的邻国轮流占领，其唯一的重要性就是给遥远的首都提供相应的资源。如今，它有史以来第一次（尽管与罗杰的说法相反）有了自己的国王。公元1130年圣诞节那天，巴勒莫市民第一次看见了这位耀眼的君主。

然而，无论罗杰二世登上王位的手段多么漂亮，这次加冕也付出了可怕的代价。为了戴上王冠，他支持伪教皇，得罪了支持英诺森的基督徒。当然，彼时谁会成为最后的赢家尚不明朗，但随着时光流逝，越来越多的国王加入英诺森的阵营。

克莱尔沃的圣伯纳德的不懈努力是主要原因。他说服犹豫不决的法兰西国王和英格兰国王亨利一世及意大利之外的多数民众支持英诺森。德意志皇帝洛泰尔（Lothair）拒不表态，他是欧洲重要的政治人物，得到双方的极力拉拢。对德意志人而言，阿纳克莱图斯的巨大优势在于控制了罗马，而洛泰尔只能在这座永恒之城加冕称帝。如果当前的形势没有了结，他必然会担忧自己的皇位不稳。由于公众明显更支持英诺森，他尽可能地含糊其词，直至伯纳德亲自登门拜访，他才改变主意。尽管可怜的洛泰尔试图反对，但强烈的公众谴责迫使他做出承诺：亲自率军将阿纳克莱图斯逐出罗马，推翻罗杰二世，扶持英诺森为教皇。

公元 1133 年春，洛泰尔终于抵达意大利，意外地发现形势对他有利。南意大利人极不欢迎罗杰二世加冕。奥特维尔家族来到意大利不过一代时间，身居高位的诺曼贵族认为他们没有理由臣服于罗杰二世，不能眼看着自己的羽翼被他剪除。他们预期洛泰尔即将兵临半岛，于是集结叛军，猛攻数座王室城堡。很少误判局势的罗杰二世起兵反击。他英勇无比，杀敌无数，在敌军面前大出风头，但他自己的军队却溃不成军。这次失利甚至动摇了罗杰二世最亲密的支持者。韦诺萨是奥特维尔家族权力的精神堡垒，其最著名的四位家族成员都安葬于此，但就连这座城市也加入了叛军行列。阿普利亚和卡拉布里亚各地的王室卫队惨遭屠戮，人们纷纷投奔帝国的旗下。帝国和岛国之间漫长而可怕的冲突一触即发。

罗杰二世显然是更弱的一方，但他保持镇定。洛泰尔同样对叛军的规模和扩张速度感到惊讶，但他尚未做好充分加以利用的准备。叛军首领与洛泰尔会面后，失望地发现后者的军队规模其实被严重夸大了。洛泰尔只带了大约 2000 名将士，根本不足以攻占罗马或推翻罗杰。

洛泰尔原本以为他的出现足以令阿纳克莱图斯感到紧张，但后者依然屹立不倒。这位诺曼人支持的教皇及其拥护者控制着台伯河畔右岸地区，包括圣天使堡和圣彼得城堡，他们拒绝让步。因此，德皇只能在老拉特兰宫扶持英诺森为教皇，并让后者为自己加冕称帝。此举遭到了整个台伯河畔阿纳克莱图斯支持者的嘲笑。

新加冕的洛泰尔对意大利盟友深感失望。加冕仪式结束仅数天，率领大军攻击罗杰二世的希望便彻底破灭。洛泰尔已经达到了进军意大利的目的，而德意志还有亟待他着手处理的事务。他向伯纳德承诺将会率大军归来，然后率军越过阿尔卑斯山，迅速撤退。这番话与其说是严肃的保证，倒不如说只是讨好敷衍。

洛泰尔离开后，叛军的行动也陷入停滞。罗杰二世重整军队，再也无意手下留情。英诺森尽其所能支持叛变的贵族，甚至把所有加入罗杰二世军队的士兵统统逐出教会，但聪明的西西里人从岛上招募了无视教皇的穆斯林。战火烧毁了阿普利亚所有的大城市，其头目全部被处死。罗杰二世往常在胜利之后会宽宏大量，但这一次他只用铁拳对待敌人。他逮捕了发起叛乱的两个贵族，并公开羞辱他们。其中一人被处以绞刑，另一人被迫在前者行刑时负责拉绳，然后自己也遭受同样的命运。罗杰二世志得意满地返回西西里。尽管开年不利，但终究以胜利结束。他所支持的教皇候选人仍旧安然无恙地待在罗马，整个王国和平安定，他本人也成功地挫败了德意志皇帝。

可惜这只是短期的缓和。他返回巴勒莫数周后，一场热病蔓延全城。王后因病去世，罗杰二世遭受精神重创，陷入悲痛之中。他把自己关在宫中，拒绝会客。因此关于他已经去世的谣言甚嚣尘上，再次唤起了南意大利各路势力的反意。然而，更可怕的消息还在北方。

洛泰尔对自己的意大利之旅非常满意。他从程序上履行了自己的誓言，扶持英诺森为罗马教皇，也得到了自己的皇冠。然而，克莱尔沃的圣伯纳德对他并非全心全意的表现感到不悦。伯纳德意识到，只要罗杰二世还是西西里的国王，阿纳克莱图斯便不会被逐出罗马。于是他要求洛泰尔卷土重来，杀回意大利，完成这一使命。

伯纳德并非唯一担心罗杰二世的人。过去 1000 年来，拜占庭帝国长期统治着南意大利至少部分领土，但如今西西里人开始侵犯拜占庭富饶的达尔马提亚海岸。继吉斯卡尔之后，罗杰二世什么时候也会怀着同样的想法，侵略帝国领土？拜占庭皇帝约翰二世（“美男子”约翰）不想坐等这一天的到来。他致信洛泰尔，提出共同进攻西西里。

拜占庭使者前往德意志，途中在威尼斯停留，竟在那里发现了第二个盟友。由于巴勒莫的崛起大大损害了威尼斯贸易帝国的地位，当地总督也愿意派出海军，全力支持拜占庭。

洛泰尔加冕之后，德意志的形势也大为改善。他的皇位吓退了所有潜在的对手，因此洛泰尔可以全力投入意大利战场。他用一年时间召集军队，等到雪融之后便越过阿尔卑斯山，进军北意大利。

这一次德意志人没有遭遇抵抗。北意大利城市纷纷陷落，当地军民几乎没有奋起战斗。诺曼贵族再次起兵叛变。随着意大利城市纷纷向洛泰尔投降，英诺森教皇率领教廷加入了德意志人的行列。只要运气不差，他们就能在冬季之前拿下意大利大陆，然后在第二年春天进攻西西里。

虽然王国面临严重威胁，但罗杰二世并不恐慌。他有两大优势：炎热的夏天，以及洛泰尔军队的封建基础。德皇洛泰尔并非拥有绝对权力的君主。他可以一时指挥诸侯的军队，但无法永远调动他们。战争耗时越长，他们就越发焦虑，因此罗杰二世小心翼翼地避免刀兵相见。洛泰尔进军，他就撤退。同时，他还频繁地与各路敌人分开会面，意图挑拨教皇和德皇的关系。

到了夏末，罗杰二世的努力已经收到成效。天气酷热难耐，军中疟疾横行，洛泰尔帐下的诸侯公开要求退出战斗。事实上他们唯一的共识就是对教皇和意大利教廷的厌恶，因为后者总是不停地抱怨，为了这些人诸侯不得不远离家园数百英里，长途远征。事态越发糟糕，甚至有人试图杀死教皇*，只是由于洛泰尔亲自介入才未得逞。为了发起决战，洛泰尔做出最后的努力，围攻罗杰二世在意大利大陆地区的首都萨勒诺，但这位西西里国王镇定自若，岿然不动。

---

* 自然，是受到西西里岛黄金的驱使。

恼怒的洛泰尔让意大利盟友好自为之，自己则率军跨越阿尔卑斯山返回德意志。整个远征行动纯粹是浪费时间。洛泰尔没有获得任何永久性的成就，两个教皇仍在为罗马教廷的权力争吵不休，罗杰二世依旧安然无恙。没有德意志的支持，意大利叛军根本不能指望与诺曼人作对。洛泰尔回国两个月后暴毙，那时罗杰二世已经收复了大部分领土。

几个月后，罗杰二世扶持的教皇阿纳克莱图斯二世也随之去世。现在，英诺森顺理成章地成为合法教皇，罗杰二世则尽其所能与昔日宿敌达成协议。他消灭了最后一股叛乱势力，同时也小心翼翼地避免踏入教皇的领土。他还正式承认英诺森是合法教皇，并致信要求所有支持者都这么做。

但对英诺森来说，此举远远不够，而且来得太晚。要不是罗杰二世的干预，他数年前就成为公认的教皇了，教廷也不会经历分裂的痛苦和难堪。罗杰二世（第二次）被正式逐出教会。英诺森决定与诺曼人开战。由于无人可以借兵，他亲自招兵买马，发起进攻。

面对诺曼人，教皇军从来没有过好结果，这一次也不例外。公元 1139 年 7 月 22 日，英诺森的部队渡过加里利亚诺河（Garigliano River）时惨遭伏击。到了傍晚，教皇、枢机主教及其所有财物全部落入罗杰二世的手中。正如曾被吉斯卡尔俘虏的前任教皇利奥九世一样，英诺森坚忍、坦然地承受了失败。诺曼人对他礼遇有加，几乎看不出他是阶下之囚。但英诺森对于自己接下来不得不做的事情不抱任何幻想。三天后，他正式确认罗杰二世为西西里国王、阿普利亚公爵及卡普阿亲王，而且逐条承认阿纳克莱图斯9年前做出的承诺。除此之外，英诺森无能为力，但他也做出了最后的反抗。在庆典仪式上，他长篇大论地布道，让身着厚重礼服的罗杰二世忍受酷热的夏日阳光。

罗杰二世返回西西里的旅程非常愉快。南意大利终于平定了，此后这里再也没有给他带来严重的阻力，他把这片土地留给了精干的罗杰三世。他用10年时间战胜了两个皇帝和一个教皇，面对强大的反对势力仍然成功地缔造了自己的王国。现在他要让王国延续长久。第一步就是制定宪法、统一法律，从而打造一个强大的中央集权国家。德意志的入侵已经暴露出封建制度安排的局限性，因此他用专制的拜占庭模式打造自己的王国。他通过一系列法律创造了君权神授的理念，确保君权至高无上，永远保持绝对权威。为了强化王权，他直接效仿拜占庭，统一货币。钱币的一面是身着皇袍的罗杰二世，另一面则是全能的基督（Christ Pantocrator）*。旧版的诺曼硬币图案是圣彼得，表明他们忠于教皇，但这位西西里国王更加直接地与神联系起来。

除了国内改革，新的建筑纷纷拔地而起，科学研究蓬勃开展。王室出资修建了诺曼西西里王冠上的两颗明珠——巴拉丁礼拜堂（Palatine Chapel）和马托拉纳教堂（Martorana），融合了拜占庭、阿拉伯和诺曼文化，风格独树一帜。繁忙的港口城市巴勒莫成立了一个研究地理的专门机构。十多年来，他们登上每一艘进入西西里的船只，询问船上人员的所见所闻。他们将收集的地理信息记录在两个地

* 这是将基督描述为无所不能的审判者，这一形象经常被描绘在10世纪拜占庭教堂的穹顶上。

方：一个纯银打造的地球仪，上面刻着世界上已知的大陆和国家；一本厚重的大部头《罗杰之书》。

他们的成果出人意料地精准。根据《罗杰之书》的描述，冬季的斯堪的纳维亚几乎没什么阳光，诺曼人治下的英王国同样阴冷潮湿。这本书甚至准确地指出地球是圆的，比哥伦布早了大约350年。一场“小文艺复兴”蓬勃发展，巴勒莫就是这场运动的中心。尽管地处西班牙或君士坦丁堡之外，但这里的学者可以接触到希腊、阿拉伯世界和西方的学问。

在此期间，罗杰二世还成功地安抚了最直言不讳的批评者——克莱尔沃的圣伯纳德。洛泰尔在返回德意志之前曾明确地表达自己对教皇的负面看法，而伯纳德热诚地捍卫着教皇，深感受到了冒犯。相比之下，罗杰二世却慷慨赞助教廷，对熙笃会的资助更是让伯纳德转而站在他这一边。

然而，诺曼西西里的两大强敌拜占庭和德意志帝国（神圣罗马帝国）并没有忘记遭受的耻辱。罗杰二世之所以还能享受和平，是因为它们仍在忙于处理各自的问题。两大帝国都遭遇了皇位空缺的危机。洛泰尔去世6年后，拜占庭皇帝约翰二世在狩猎时离奇地意外身亡。两位新皇帝——德意志的康拉德·霍亨斯陶芬（Conrad of Hohenstaufen）和拜占庭的曼努埃尔·科穆宁正式同意联合出征，但就在调动军队的时候，突厥人攻占了一个十字军王国，新的十字军东征爆发。德意志军队参与东征，并途经拜占庭领土，但他们不分希腊人和突厥人便全力打击，导致两国关系紧张，甚至到了爆发战争的边缘。

然而，康拉德和曼努埃尔终究建立起真诚的友好关系。十字军东征期间，康拉德曾经负伤，曼努埃尔亲自照料他直至康复。二人再次立誓，共同发起反罗杰二世的战争。两年后，曼努埃尔迎娶了康拉德的女儿贝莎（Bertha），两家的关系更加亲近。

这场婚礼对罗杰二世是个警告，他见识到了敌人的决心和公众的谴责。他多年来力图撮合自己的女儿和曼努埃尔，但事实上他的行为对达成这个目标毫无助益。十字军东征期间，他趁曼努埃尔为战事分心，派出安条克的乔治洗劫了拜占庭治下希腊最富有的三大城市：雅典、底比斯（Thebes）和科林斯。

恼羞成怒的曼努埃尔集结 3 万大军，准备一雪前耻。然而就在这场等待已久的远征蓄势待发时，蛮族势力突然越过品都斯山脉（Pindus Mountains），入侵希腊北部。曼努埃尔被迫转移大军，应对蛮族威胁。他是一位优秀的将军*，但到了击退蛮族的时候，原定的远征期也随着大雪降临而结束。

第二年春天曼努埃尔再次尝试起兵，但又一次遭到延误。西西里用黄金诱惑，煽动巴尔干地区†起兵叛乱，威胁拜占庭帝国西部边陲。曼努埃尔派出舰队平叛，而罗杰二世乘虚而入，厚颜无耻地派出他的海军指挥官潜入君士坦丁堡海岸，将火弩射入皇家园林。

这样的拖延策略只能持续这么久。到了公元 1152 年，康拉德和曼努埃尔都已扫除了各自的阻碍，准备起兵。两位皇帝计划在北意大

* 用爱德华·吉本的话来说，他“在战争中无视和平，在和平中拒绝战争”。

† 即后来的塞尔维亚。此时不久后成了匈牙利王国的一部分。

利会师，然后继续向南，搭乘威尼斯舰队的船只横跨海峡，进入西西里。他们正处于大好时机；罗杰二世同名的儿子刚刚去世，这是他的六个子女中自己送走的第五个。如此沉重的打击，令他一夜之间变得衰老脆弱。

面对即将来临的暴风雨，诺曼王国似乎无法幸免，但这一次他们得到了好运的眷顾。当年春天，德意志正要起兵，康拉德突然离世，整个国家陷入权力斗争，无暇顾及与罗杰二世的战争。曼努埃尔同样面临着步步逼近的众多敌人，不敢独自冒险出征，而且他意识到：无论何时，威尼斯都是比巴勒莫更为严重的威胁。即使现在他也在考虑对海洋共和国先发制人，即使这样必将导致第四次十字军东征 * 的悲剧。

尽管时候未到，但现在似乎已经是一个时代的终结了。康拉德只不过是第一个离开历史舞台的重要人物。第二年克莱尔沃的圣伯纳德与世长辞，随后安条克的乔治也撒手人寰。乔治是杰出的指挥官，他为诺曼人赢得了北非帝国。得力谋士的离去似乎夺去了罗杰二世最后的能量。他在巴勒莫的安乐住所深居简出，终日与外国动物园、花园和宫殿为伴，两年后安详离世。

他安葬在巴勒莫教堂一座朴素的斑岩墓下，身着华丽的礼服，头戴拜占庭皇帝的珍珠皇冠，胸前放着他的佩剑，剑身上刻着一行拉丁文字："阿普利亚、卡拉布里亚、西西里和非洲都唯我是从。"

---

* 一支由维也纳人主导的十字军于 1204 年洗劫了君士坦丁堡，摧毁了基督教世界最大的城市。

他是伟大的统治者，西西里再也没有出现这样的领袖。即使他的言行有很多不足之处（他是一个著名的无信仰人物），他也从未逃避君主的责任。他既有北方人的活力，也有南方人的文雅，是诺曼王国全盛时期的产物，着实鼓舞人心。他仍然保持着先辈们可怕的野心，并在欧洲大陆两端各缔造了一个诺曼王国。他去世后，诺曼王国走向解体。正如一位朝臣记载，他“睡觉时取得的成就都超过了别人清醒的时候”。

他把文化多元、信仰不同、部落林立的小地方打造成一个统一的王国，取得了看似不可能的成就。意大利半岛其他地区之后 700 年仍四分五裂、争斗不休，而罗杰二世的国家却充满希望和无限可能。西西里王国持续时间之长同样出乎意料。尽管曾遭到攻击，耗费国力，被欧洲各国领袖玩弄于股掌之中，但西西里王国始终保持国家的完整，直至 19 世纪被现代意大利所统一。

切法卢大教堂可能是这位伟大国王的安葬之处，但圣马托拉纳教堂最能引发后人对他的怀念。这座教堂用大理石和黄金打造，是他献给西西里的瑰宝，即便是 800 年后的今天，也令人心动向往。

这倒数第二座教堂融合了西西里历史上三大文明，足以向这位缔造了诺曼西西里的伟人致敬。教堂内部按照希腊十字架的传统形式建造，布满黄金，墙面铺上拜占庭式的马赛克锦砖，描绘了耶稣的生活场景。在希腊式圣像和诺曼式拱门下方，来自北非法蒂玛王朝的工匠雕刻了两扇巨大的木门，并在教堂穹顶的基座用阿拉伯文写下了致圣母马利亚的赞美诗。最有魅力的是一幅马赛克艺术品，镶嵌在教堂中殿不起眼的内墙上。那是罗杰二世本人的画像，这位基督教国王身着阿拉伯礼服，但他用拜占庭和阿拉伯风格塑造了这座教堂。

这是唯一现存的罗杰二世画像，由见过他本人的画师创作而成，完全把握住了诺曼西西里的精神。画中的他身着拜占庭皇帝的礼服和圣衣，俨然就是“受洗的苏丹”，而身体轻微前倾，从耶稣手中接过王冠。他的头顶上写着一行希腊字母，组成了拉丁词汇“Rogerios Rex”——罗杰国王。

这是罗杰二世成年以后长年奋斗的目标，他从至少两位反对自己的教皇手中夺得了王冠。整个12世纪没有人比他更配得上这个荣誉。他发现了一个宗教不同、文化多元、四分五裂的小岛，建立了统一的王国，并发展成为欧洲最为繁荣、有效运转的国家。他为治理现代国家提供了指南，告诉后世如何团结看似势不两立的各方，打造强大的整体并使之有效运转。在动荡不安的中世纪，他统治的国家处于难能可贵的和平时期。他去世后，西西里王国不可避免地日薄西山。

第十四章
“恶人”威廉

Chapter 14
William the Bad

“上帝的右手赐予我勇气，让我奋起。”

——切拉米战役之后，罗杰一世（“伟大的伯爵”）刻在佩剑上的铭文，也写在了其孙威廉签署的《贝内文托条约》上

公元 1154 年，罗杰二世的幼子威廉一世继承王位。看起来这是一个绝佳的选择。23 岁的威廉一世仪表堂堂，再现了先辈的高大威猛，气势上便胜过了矮小的地中海居民。他长着一脸浓密黝黑的胡须，以力大无穷而著称，据说能双手将马蹄铁掰直。然而，尽管体格比罗杰二世更庞大，他几乎不具备父亲的政治技能。这主要归咎于罗杰二世本人。继承伟人的事业向来不易，但罗杰二世几乎没有用心培养接班人。他只是不停地指出儿子的不足。

罗杰二世和第一个妻子育有4个儿子，威廉一世是幼子。人们认为他不可能也配不上继承王位。事实上他也没有受到重视，罗杰二世没有给他在行政机构或军中安排要职，不曾为将来接班做准备。他独自成长，享受着王宫的奢华生活，不用承担任何责任。不到10年，他的生活彻底改变了。兄长们先后意外离世，30岁那年，毫无准备的他突然被推上王位。

不出意料，威廉一世更迷恋于享受生活，而非学习治国。他忙着修建更奢华的宫殿，把日常事务交给他人打理，多数情况下甚至都懒得任命新的大臣，只是萧规曹随，确认先父的选择。唯一的例外就是他亲自任命年轻的大臣马约为海军最高统帅。

这是一个明智的选择。马约的父亲是南意大利城市巴里的一名法官，良好的出身保证他接受了最好的古典教育。在巴勒莫的国际化环境下，他极其坚持自我，完全无视大众潮流或者柔性的风格。威廉一世对狩猎的兴趣甚于治国，要是没有马约的铁腕，他在王位上根本待不了几个月。

自罗杰二世晚年以来，西西里面临的国际环境变得越发凶险。拜占庭和德意志帝国均处于强人统治之下。德意志的皇帝是凶残的腓特烈一世，君士坦丁堡的主人是精明圆滑的曼努埃尔一世。不过威廉一世也很幸运，两位皇帝互不信任，阻碍了他们之间的合作。腓特烈一世在加冕仪式上宣称要重建伟大的西罗马帝国了，这就意味着他要控制西西里和南意大利。由于这两个地方不久前还属于拜占庭帝国，腓特烈一世把曼努埃尔一世视为主要敌人。基于这一想法，他与教皇缔约，将拜占庭排除在诺曼王国的地盘之外。同时他还与曼努埃尔一世保持交流，表面上提出协同行动，但总是借口拖延。直到腓特烈一世独自出兵征服意大利，曼努埃尔一世才发现这是谎言。

由于意大利北部地区反德情绪高涨，腓特烈一世以为自己会遇到麻烦。但他跨过阿尔卑斯山后，发现整个半岛已经陷入宗教动乱。

阿德里安四世（Adrian Ⅳ）是有史以来唯一的英格兰教皇，也是最近一位志在改革的外国教皇。之前他初试牛刀便重组了斯堪的纳维亚教会，并期待彻底整肃罗马教廷。然而，通往罗马之路让他猛然觉醒。多年来罗马元老院的权力迅速膨胀——很大程度上削弱了教皇的权力，而彼时重建罗马共和国传统的运动方兴未艾，要求剥夺罗马教廷的世俗权力，恢复罗马的旧日荣光。

这一运动的领袖是一位僧侣，人称布雷西亚的阿诺德（Arnold of Brescia）。他彻底激发了公众情绪，导致阿德里安实际上成为梵蒂冈山上的囚徒。作为回应，阿德里安史无前例地把整座罗马城逐出教会，等同于向罗马宣战。他禁止人们前来基督圣地旅游，也不允许他们在这里做礼拜、受洗或者举办婚丧仪式，直至针对教皇的禁令解除。考虑到当时的社情民意，对于一位新登基的外国教皇来说，这个策略着实大胆，但却收到了成效。阿诺德的反教皇行动坚持到了圣周的星期三，但人们不敢想象到了复活节那天没有圣餐礼（更不用说旅游收入），这降低了公众对他的支持。到了星期四上午，阿诺德被自己的支持者驱逐，而阿德里安扬扬得意地庆祝复活节弥撒。

这次胜利为罗马赢得了暂时的平静，但无助于解决北方其他地区的问题。同时，腓特烈一世无意与支持共和的理想主义者打交道。面对以共和主义之名顽抗的北意大利城市托尔托纳（Tortona），他彻底摧毁了整座城市，驱逐全城居民。情绪暴躁的他随后把目标转向罗马城。

阿德里安处境不妙。他清楚地知道自己对罗马的统治多么虚弱，因为残酷的现实使民众仍希望实现自治，而且他并不信任过于强大的腓特烈一世。阿德里安刚刚取得对共和主义者的暂时胜利，不愿成为德意志皇帝的棋子。他在城外扎营等候腓特烈一世。

二人的会面并不顺利。德皇打算以罗马主人的身份进城，而教皇顽固地坚持自己的尊严。腓特烈一世一开始就因礼仪问题争吵不休。他拒绝按照惯例，步行为教皇牵马引路，声称自己不是马夫。但阿德里安明确表态，没有这个程序德皇不得进入罗马城。腓特烈一世拂袖而去，但随着他明白教皇不可能让步，他又重新安排会谈，勉强照办。

随着不快之事烟消云散，二人也达成协议：任何一方都不得与西西里的威廉一世、拜占庭的曼努埃尔一世或罗马城的共和主义者媾和；作为回报，阿德里安同意将腓特烈一世的敌人统统逐出教会，而德皇将遵从教皇的权威。

阿德里安出于非常充分的理由选择在罗马城外会面。二人正式而隆重地骑马走向城门，却遇上了共和主义者派来的信使。他们声称，只有腓特烈一世先赠送 5000 磅黄金作为“献礼”，并保证他们世代相传的“权利”不受侵犯，方可准许二人进城。随后这些信使又发表长篇大论，宣扬罗马的光荣传统。腓特烈一世中途粗暴地打断他们，简短地表示“罗马的伟大就在其身后。我来这里不是为了献礼，而是要得到属于我的东西”。

说完，二人顺利进城，腓特烈一世正式加冕。然而，举行加冕仪式已经超出了罗马市民忍耐的底线。这座城市秉持着独立自主的理念，而皇帝加冕的消息引发了市民的愤怒。就在腓特烈一世离开教堂时，示威人群攻击了他的队伍。德皇毫无准备，街头打斗持续到深夜。到了第二天上午，城内的秩序得到恢复，但双方均伤亡惨重。德意志的贵族已经失去了对意大利的兴趣，明确表示希望回国，而作为封建君主的腓特烈一世无法拒绝。阿德里安请求他继续当初进攻西西里的计划，但不到一个月德意志人便撤军离去。

教皇处境危险。为了满足腓特烈一世的要求，他削弱了自己在罗马的地位，但没有得到任何切实的回报。不过幸运的是，他还可以利用另一位皇帝。曼努埃尔一世正在为自己的侵略计划积极备战，并致信教皇，愿意做“教廷的左膀右臂”。* 对阿德里安来说，谁击溃诺曼王国无关紧要；如果德意志人不愿相助，远方的拜占庭人也是可以接受的选择。他致信曼努埃尔一世，对他侵略西西里的行动送上满满的祝福。

曼努埃尔一世的外交手段炉火纯青，他的使者发现了蓄势待发的意大利盟友。意大利半岛上的诺曼贵族从来没有真正甘心接受巴勒莫的统治。距离罗杰二世统治他们已经过去了十多年，在他们看来相对温和的继承人威廉就是软弱的象征。拜占庭人用黄金激发了他们内心

* 100 年前，东西方教会大分裂永久性地把天主教和东正教变成相互隔绝的两部分。

反抗的愿望，不久之后叛乱遍及整个南意大利。

相比于德意志人，叛乱的诺曼贵族和拜占庭人对西西里构成了更可怕的威胁。贵族们熟知地方情势，并出兵征战，而曼努埃尔一世则提供船只舰队和招兵买马的资金。

为了削弱西西里的势力，叛军首先进攻大陆上忠于威廉一世的意大利城市。第一个目标巴里是诺曼人在意大利最重要的大本营，也是曼努埃尔一世特别希望收复的城市。不到100年前巴里还是拜占庭帝国的一部分，至今希腊人仍是这里的多数人口。忠于威廉一世的守军本已准备抵抗，但随着盟军逼近城下，本地居民打开了城门。盟军进城后开始大屠杀，所有忠于巴勒莫的人均惨遭屠戮。

巴里的陷落使诺曼王国遭受重大打击，也动摇了尚未加入叛军的意大利城市。更糟糕的是威廉一世身患重病。没有巴勒莫的回应，大陆守军的士气骤跌。威廉一世的指挥官马约终于派兵援助围困中的半岛守军，但数月来拒绝加入叛军的守军将领终于也改变了立场。结果援军和守军遭到彻底失败。国王的部队全军覆没，一些摇摆不定的城市也加入叛军的行列。到了初冬，阿普利亚全面沦陷。

此时威廉一世的统治似乎濒临崩溃。仅仅6个月，曼努埃尔一世似乎重新统治了意大利，恢复了诺曼人来到半岛之前的势力范围。他没有偃旗息鼓的迹象。拜占庭军队随时准备进入卡拉布里亚，如果他们成功——这是毫无疑问的结果——那么一水之隔的西西里将会近在眼前。

由于威廉一世患病，诺曼人失败的罪责被全部归咎于权臣马约。

当地人不止一次密谋将其刺杀，但都被马约手下遍布各地的秘密警察所挫败。显然这位人见人恨的权臣无法秘密铲除，于是西西里岛上有人公开叛乱，要求处死马约。

威廉一世向来少言寡语，但此事已经对他的政权构成了直接威胁，使他奋起行动。他召集军队，以迅雷不及掩耳之势突袭叛军，马约显然在其左右。叛军首领收到最后通牒：要么投降，接受流放；否则必死无疑。其中一些人表示抗议，称自己是为了国王的利益，但威廉一世显然宠信马约，因此攻击马约就等同于攻击国王。面对下定决心的国王，叛乱迅速平息，叛军首领接受流放。

威廉一世已经从昏睡中醒来，热血沸腾。到了春天，他率领陆军和海军横跨海峡，进军大陆。现在是最好的时机。拜占庭将军、战略总设计人米海尔·巴列奥略（Michael Palaeologus）刚刚去世，拜占庭的军事行动随之中止。面对全副武装的诺曼西西里部队，各地叛军抛弃了他们的拜占庭盟友，逃之夭夭。拜占庭人再无机会，诺曼人仅用了一个多小时便将他们彻底击溃。拜占庭人的战果虚无缥缈，他们拥有的不过是反对诺曼人的情绪，而非真正的实力。拜占庭势力永久离开了意大利。

威廉一世一路畅行无阻，直奔巴里，他下定决心要惩罚这座屠杀卫戍部队的城市。市民头目来到城外面见威廉一世，乞求他高抬贵手。威廉一世留下了多数人的性命，但他将整座城市夷为平地，只有圣尼古拉大教堂得以幸免。

参与叛乱的贵族就没那么幸运了。如今他们意识到抛弃拜占庭盟友是一个巨大的错误，现在他们每一个人都得自己面对愤怒的威廉一世了。后者将他们一一抓捕，绑上重物，扔进大海。到了夏天，战争便已经全部结束。威廉一世回到巴勒莫之前的最后一站是贝内文托。当年教皇就是在这座城市和他缔约，正式承认西西里王国的存在，确认了威廉一世对意大利的统治权。

这次行动本身就非常成功，此外拜占庭皇帝曼努埃尔一世也确认与威廉一世媾和。曼努埃尔得出结论，腓特烈一世才是更严重的威胁，他需要教皇和德意志对立。如果阿德里安教皇和威廉一世达成协议，那么拜占庭也将效仿。曼努埃尔一世提出讲和，同时聪明地资助意大利境内新的叛乱势力，使和平谈判变得更具诱惑力。威廉一世深知这一点。他相信与拜占庭慷慨讲和才是避免无休止叛乱的唯一途径，于是释放了所有拜占庭囚犯，并签署了有效期为 30 年的和平条约。

威廉一世返回巴勒莫，重新享受纸醉金迷的宫廷生活。他把行政事务交给马约，后者则致力于强化西西里在意大利的地位，以防腓特烈一世卷土重来。

国王沉迷于享受生活，首席大臣关注大陆形势，王国开始走向衰落。公元 1155 年，北非穆斯林起兵叛乱，而当地人数劣势严重的诺曼人无力镇压。他们向巴勒莫紧急求援，但被置之不理。到了公元 1159 年，除了贸易城市马赫迪耶，整个的黎波里伯国全部沦陷。威廉一世派出小股舰队支援马赫迪耶，但却遭遇暴风雨，全军覆没。从此他不再为此费心。

马赫迪耶的诺曼守军勇敢地坚守了一年多，徒劳地等待援军。最后他们达成一致：派代表前往巴勒莫求援，如果空手而归，便主动投降。马赫迪耶派出一个小代表团，但当这些人抵达首都后，马约告诉他们派兵守城代价巨大，太不值得。使者们大为震惊，悻悻返回，马赫迪耶向穆斯林投降。诺曼帝国失去了北非。

马约对形势的判断或许是正确的，他经营意大利的努力当然收到了回报。凭借西西里的支持，意大利北部城市形成了强大的伦巴第联盟，成功地抵挡了德意志人的侵略。经过数年胁迫恐吓，德意志帝国仍无法迫使意大利半岛投降。就连拥有钢铁般意志的腓特烈一世也不得不承认，意大利不在自己的掌控之中。

尽管马约的对外政策大获成功，但他在西西里仍然极不受欢迎。对西西里当地居民而言，马约代表了最糟糕的一类独裁者：过度集权、傲慢无礼、无视民意。面对惨遭战火蹂躏的北非，他无动于衷，坐视同一教派的信徒遭受折磨。对本地贵族而言，更糟糕的是马约提拔希腊人或阿拉伯人，安排他们担任比老牌诺曼贵族更高的职务，赋予他们更大的权力。即便他选贤任能，任命的人符合资格，或者说西西里的诺曼人头衔太多、能力不足、粗鲁野蛮，也都无关紧要；马约这个来自巴里的外国人，是西西里一切烦恼之源。

公元 1160 年秋，马约得到消息，他未来的女婿卷入了最近一次针对自己的暗杀计划。以马约的洞察力，他自负地认为如此亲近的人不会牵涉其中，但一周后他便在巴勒莫街头遇刺身亡。这个消息令全城振奋，而刺客马修·博内洛（Matthew Bonnellus）一夜成名。然而，由于害怕国王会因为宠臣被杀而报复，博内洛选择逃亡，西西里迅速发生了严重暴乱。

看着半个巴勒莫陷入火海，威廉一世终于发怒了。他艰难地镇压了暴动，第一次充分认识到马约多么不得人心。尽管失去了最信任的指挥官，但面对公众骚乱，他不得不赦免杀害马约的所有相关人士，甚至耻辱地授予刺客博内洛“王国拯救者”的称号。

博内洛成为备受爱戴的人物。他不满足于取代马约的位置，计划将威廉一世一并除掉。为了避免背负弑君罪，他离开巴勒莫，与此同时一批对国王不满的贵族进宫抓捕了威廉一世。绝望的威廉一世试图跳窗逃跑，但遭到制止，王室家族所有成员均遭到逮捕。假如贵族们当时任命新国王，威廉一世的统治将就此结束。但这群阴谋家无法做出决断：是杀死威廉一世还是命他让位给九岁的儿子罗杰。他们就王位继承人的问题争吵不休，手下的支持者开始有组织地洗劫宫殿。

贵族们依旧争吵不休，而城内的民意开始对他们不利。威廉一世的统治或许带来了灾难，但民众并没有直接指责国王，而是以他之名行使权力的近臣。除掉可恶的大臣是一回事，而虐待名正言顺的国王则是另外一回事了。洗劫王宫、逮捕王室家族的行为，足以让民众相信谁才是真正的强盗。王宫再次遭到猛攻，叛变的贵族们惊慌失措。他们跑到被俘的威廉一世面前求救。

威廉一世答应了他们的请求，并同意他们离开，但这场煎熬对他而言是沉重的打击。威廉一世的长子及继承人死于打斗，当第一批护卫赶到时，发现国王蜷缩在角落里抽噎。

他和平地度过了剩余的统治期。人生最后十年，他只有一次离开过首都巴勒莫；那一次他志得意满地穿过意大利，前往罗马任命他的教皇候选人。* 威廉一世一生多数时光都在追求快乐，特别是建造奢华的新宫殿，修建鱼塘、喷泉、水池和储备丰富的猎场。公元 1166 年春，他染上热病，两个月后去世。

历史并未善待威廉一世。他的史官鄙视他，对他冠以“恶人”的绰号。他过分的生活方式是造成这种不快的根源。如果说威廉一世的父亲是受洗的苏丹，那么可以讽刺地说，威廉几乎没有为受洗费心。

然而，1166 年威廉一世去世时得到了人们真诚的悼念。整整三天，黑色成为巴勒莫的主色调，人们虔诚地将国王的遗体送往教堂，放入简约精美的斑岩石棺。威廉一世健在的子女中最年长的 13 岁男孩继承了王位，他的名字也叫威廉。整个西西里看起来风平浪静。

威廉一世不是伟大的国王，或许甚至算不上好国王。他在位期间叛乱不断，失去北非，他逃避作为国王的责任，这些都足以玷污他的名誉。但他继承的是传奇父亲的事业，无人指导、没有准备，这本就是一个不可能的任务。在这样的环境下，他保卫了诺曼西西里，成功抵挡了志在必得的教皇和两位伟大的皇帝，实现了一项丰功伟绩。上述内容不过是对历史的匆匆一瞥。

---

* 然而，引入一名诺曼教皇在未来将导致严重的后果，因为这件事触怒了德意志皇帝巴巴罗萨。详见第十五章。

第十五章

更糟糕的威廉

Chapter 15

William the Worse

尽管威廉一世被冠以“恶人”的绰号，但他至少还给国家留下了继承人。曾几何时，南意大利的诺曼人活力衰减。威廉一世的父亲和祖父育有 32 个子女，而威廉一世膝下子女只有 4 人，但至少王位传承毋庸置疑。年幼的威廉二世还不情愿度过 13 岁生日后便在奢华的仪式上加冕，理论上说他要开始照料接近 200 万臣民。人人都说他是不同寻常的青年。他身材高大、黑眼睛，继承了诺曼人的金发和身高，看起来兼具活力和严肃，超出了他的实际年龄。据一些目击者所说，他的臣民们在巴勒莫大街上第一眼看到他，便一见倾心。

然而，威廉二世成年之前，人们并没有感觉到被他统治的快乐。与此同时朝中成立了摄政委员会，由其母玛格丽特和三位显贵领导。很难找出比他们更不合适的政府管理团队了。这三位摄政顾问分别是宦官彼得、公证官马修和大主教理查·帕尔默（Richard Palmer），他们大多时间都在想方设法地互相谋杀。玛格丽特很快意识到她必须赶在这三人除掉自己之前，先除掉他们。因此她提拔威胁最小的彼得，把他的地位置于另外二人之上，暂时把这个最富裕、影响力最大的基督教国家交给了一个穆斯林宦官。

彼得是一个阴谋家和公务官，熟知官僚体系的复杂精巧，乐于做一名幕后人士。他被推到政治舞台中央后，局势很快失去了控制。不过数月西西里便陷入混乱，彼得害怕遭到谋杀，于是逃往北非。为了恢复局势，玛格丽特从法兰西请来了表弟佩尔什的斯蒂芬（Stephen du Perche）。即便此人称不上聪明，但至少坚定强势。

这一选择很快引发了争议。把最好的职位赐予外国人本就足够糟糕，而自彼得逃走后首席大臣一职便空缺，其薪俸被本地贵族瓜分，可想而知他们多么憎恨玛格丽特——任命斯蒂芬意味着贵族们同时损失了地位和收入。

然而，就在紧张局势一触即发之际，新的灾难爆发，令其他一切都无关紧要。可怕的德皇腓特烈一世跨过阿尔卑斯山，直奔意大利。王国的生存受到威胁。

西西里王国自成立之日起，便成为德意志的眼中钉。历代诺曼国王向教皇及北意大利城市提供援助和保护，屡次挑衅腓特烈。他数次试图派兵平定意大利，但每次离开后，西西里的黄金和教皇的祝福都引起了叛乱。显然，在腓特烈一世看来，解决问题要双管齐下。在罗马扶植一个听话的教皇，扫平西西里。

巴勒莫城内很多人把德意志来犯的坏消息归咎于去世的国王。腓特烈一世曾在春天发起进攻，并明确表示他要阻止“恶人”威廉多管闲事，彻底消灭这个诺曼王国。尽管彼时威廉一世刚刚去世，继承人只是个小男孩，但这些也都无关紧要了。

七年前教皇国的选举是历史上最怪异的一次，而威廉一世在那次选举中的所作所为激化了亚琛和巴勒莫当局的矛盾，最终促使德皇采取行动。当时教皇之位空缺，腓特烈一世明确支持容易摆布的枢机主教屋大维（Octavian）。然而，参会的教士厌恶德意志皇帝的干预，对诺曼人的支持充满信心，他们一致投票推选一个名叫亚历山大的人。问题本该就此解决，但屋大维完全相信自己才是教皇，绝不会让一次选举阻碍他。在加冕仪式上，当教皇当选人亚历山大低头接受教皇礼服时，屋大维突然跳上台将其猛然拽走，吓坏了在场的枢机主教。一片骚乱中，手舞足蹈的屋大维没有拿住礼服。随后他做了一件一样的礼服，以应对情况变化，并披在身后，然后冲向教皇宝座。教士们全都惊呆了，在他脚下哀号。

屋大维当着支持者的面坐上教皇宝座，自称“教皇维克托三世”。正好他雇用的打手及时赶到，这位新任教皇要求所有人称颂他。他的对手诺曼人支持的教皇亚历山大被送到附近的城堡囚禁，屋大维则坐享教皇之位。

尽管屋大维得到德意志使者的重金贿赂，但随着他那令人震惊的举动传遍罗马，他的个人声誉一落千丈。只要他出现在公共场合，迎接他的不是嘘声就是更糟糕的东西；暴民们聚集在宫外，不断地嘲讽侮辱他。两个星期后，他再也无法忍受辱骂，便逃出罗马。

腓特烈一世在罗马扶植自己的教皇不成，本已十分恼人，但这个教皇被逐之后的举动把事情变得更加糟糕。屋大维被拒绝进入罗马，于是在西北部城市卢卡（Lucca）周边的山区暂居。这位自称基督教精神领袖的人变成了强盗，专门抢劫途经托斯卡纳（Tuscany）的朝圣者。

如果西西里采取更加圆滑得体的方式，或许可以避免与受辱的德皇交战，但“恶人”威廉决定派荣誉卫队，护送他们支持的亚历山大返回罗马。这等于公开表示腓特烈一世实力虚弱，无法在意大利贯彻自己的意志。之后“恶人”威廉去世，冒犯腓特烈一世的后果就需要他的继承人来承担。

诺曼人和意大利人组成联军，试图延缓德意志的步伐，但此举进一步激怒了德皇。他消灭了这支小股部队，扫平了一些城镇，将所有居民驱逐至乡村。通往罗马的道路挤满了难民，他们都寄希望于这座城市的神奇能够阻挡侵略者。然而，他们的命运早已注定。公元1167年7月29日，德意志军队猛攻罗马，将他们压抑已久的情感发泄得痛快淋漓。他们推倒雕像，砍掉配件上的大理石板，掘墓夺宝。他们甚至连巴西利卡式的圣彼得大教堂都不放过。各路士兵破门而入，屠杀惊慌失措、紧靠圣坛（显然都是徒劳无益）的教士。

战斗结束才第二天，腓特烈不等尸体和血腥的臭味清理干净，便迫不及待地为另一位听话的伪教皇加冕，并严酷地表示，任何反抗者都会遭受同样的命运。他的这番话令巴勒莫陷入恐慌。西西里实际上放弃了抵抗，贵族们纷纷携财产逃跑。看起来西西里失败的命运已经注定。全城动荡不安，统治者又是不受欢迎的女人和没有经验的外国人。他们甚至没有真正意义上的军队来抵抗德意志。只有天灾降临，才能拯救诺曼人。

幸运的是，上帝真的帮助西西里了。腓特烈一世给他的伪教皇加冕两天后，瘟疫暴发，击垮了德意志军队。罗马潮湿的气候和反常的炎热更是起到了推波助澜的作用。腓特烈一世下令撤军，但他也被瘟疫缠身。到阿尔卑斯山时，德意志已经溃不成军。人们不再惧怕腓特烈一世，反而竞相嘲讽他。北意大利甚至不等他离开便正式宣布独立。更残酷的是，他们还封锁了所有经过阿尔卑斯山的通道。腓特烈一世只能忍辱负重，乔装成用人，方才逃回德意志。

这场奇迹般的胜利传遍了西西里，大大提高了玛格丽特和斯蒂芬的声望。尽管民众仍然憎恶斯蒂芬带来的法兰西侍卫，但他本人的确足以胜任行政长官。然而，斯蒂芬的改革大多牺牲了贵族的利益，遭到他们的敌视，因此后者多次密谋将他暗杀。而玛格丽特完全支持斯蒂芬。显然，只要他在位一天，贵族便无法分享权力。之后两年，斯蒂芬机智地避开贵族的谋杀，抑制了公众的不满，西西里局势平稳。

假如玛格丽特维持现状，就不会有任何问题，但她任命斯蒂芬为巴勒莫大主教，激发了民众的敌意。暴民袭击王宫，斯蒂芬和法兰西侍卫仓皇逃走，躲进教堂。为了避免流血，斯蒂芬只得同意离开西西里，永不返回。民众允许他和侍从走到海边，乘船前往圣地。

随着宠臣的失败，玛格丽特的执政生涯就此结束。尽管威廉二世还有三年才成年，人们口中的这个“西班牙女人”已经无力支撑。

她保持摄政地位，但实权转移到威廉的导师——英格兰人沃尔特·奥普哈密尔的手上。沃尔特野心勃勃，不讲道德。他攀升到主教的高位，并在未来10年实际上垄断了内政大权。

公元1171年，威廉二世年满18岁，正式亲政掌权。尽管他深居宫中，与世隔绝，但志向远大。威廉二世试图恢复西西里地中海霸主的地位。在威廉二世的臣民看来，他是独一无二的合适人选。威廉二世身材高大、英俊潇洒、面相圆润、眼神深邃、胡须修剪整齐，是一位励精图治的国王。他至少精通5种语言，宗教信仰根深蒂固。威廉二世也非常幸运，斯蒂芬的失败是他在位期间最后一次动乱，此后西西里进入了和平繁荣的黄金时代。

西西里的贸易日趋兴旺。这里制铁、制盐和硫黄等行业蓬勃发展。君士坦丁堡丝绸生产秘诀的传出，进一步丰富了西西里的产业。西西里人从海里收获珊瑚，将金枪鱼出口到地中海地区，农民生产的小麦、橙子、柠檬、甜瓜和杏仁广受欧洲和北非地区欢迎。就连西西里的森林也产生了价值。西西里的木料材质优良、闻名欧洲，不止一位教皇指定使用这种木料修缮拉特兰教堂的屋顶。

尽管“恶人”威廉时期的动荡影响了这些产业的发展，但西西里的奢华和实力并未因此削减。年轻的威廉二世刚刚成年，各国求婚邀约接踵而至。率先行动的是拜占庭皇帝曼努埃尔·科穆宁，他提出将15岁的女儿玛丽亚嫁给威廉二世。这份邀约颇有吸引力：曼努埃尔膝下无子，意味着威廉二世的孙辈有望同时继承西西里和拜占庭帝国的大位。德皇腓特烈一世不甘人后，向威廉二世提出嫁女。此外，英格兰国王亨利二世也提出将三女儿、“狮心王”理查的妹妹琼许配给威廉二世。

根据英格兰人沃尔特的建议，威廉二世倾向于选择琼。这一选择合乎自然，毕竟这两个诺曼王国地处欧洲两端，应该正式结合。两国本就具有文化和家族血缘的联系；背井离乡的诺曼人也把彼此视为旅途的目的地，巴勒莫的贵族们大都在伦敦有亲属。

然而，威廉二世正准备接受这桩婚事，亨利二世手下四个骑士杀死了坎特伯雷大主教托马斯·贝克特（Thomas à Becket），掀起轩然大波，这桩婚事只得取消。曼努埃尔一世再次提出嫁女，这一次威廉二世同意了。然而，就在公主应如期抵达的那一天，拜占庭的船只并没有出现在西西里。显然，曼努埃尔一世认为德意志帝国是更合适的联姻对象，于是改变计划，但并未告知西西里。威廉二世庄重地来到港口迎接，但等待一天无果。这是公开、彻底的羞辱，威廉二世只能返回宫中。他绝不会忘记这次受辱。

此后数年，威廉二世的婚事不再提及，直至沃尔特再次建议他与英格兰联姻。意想不到的是，这也得到了教皇的支持和帮助，因为他害怕威廉二世和腓特烈家族联姻，从而促成罗马南北两大强国的联合。随着时间流逝，民众对于谋杀贝克特的愤怒情绪逐渐平息，威廉二世向英格兰提出联姻。亨利和妻子埃莉诺欣然接受。公元 1177 年，23 岁的威廉二世和 12 岁的琼在巴勒莫完婚。

这次联姻标志着威廉二世走上政治巅峰。他正值青春韶华，甚至开始摆脱沃尔特的控制。三年前他已经开始在蒙雷阿莱建造大教堂，表面上旨在纪念祖父罗杰二世的荣耀，真正目的却在于削弱沃尔特的权力。教堂竣工后，威廉二世亲自任命大主教，当即扶植了一位与权臣沃尔特平起平坐的对手。沃尔特愤怒地表示抗议，但却无能为力。

这是非同寻常的时期。威廉二世广受欢迎、富可敌国、年轻有为，国际形势似乎也对他有利。在意大利，日渐衰老的腓特烈一世最终放弃了完全征服半岛的希望，决定尝试外交手段。他向西西里提出永久休战。对威廉二世来说，现在和德意志皇室联姻为时已晚，但腓特烈一世提出了新的联姻请求。他的儿子和继承人亨利至今未婚；如果威廉二世能为亨利找到合适的新娘，这两大王国将会和平共处，走向联合。

威廉二世热切应允。他的祖父罗杰二世有一个遗腹女康斯坦丝，比威廉二世小一岁。由于威廉二世没有子嗣，他的姑母康斯坦丝成了西西里的王位继承人。这一点非常明确：西西里的所有贵族都曾宣誓，如果威廉二世死后无子，就承认康斯坦丝为王位继承人。随后威廉二世陪同康斯坦丝来到港口，亲自送行，将她交给了德意志帝国的皇子。

民众对此并不满意，就连威廉二世的崇拜者也认为他的决定荒诞透顶。尽管他有大量时间培育继承人——威廉二世刚到 30 岁，妻子只有 18 岁，但这个决定赋予劲敌合法继承西西里王位的可能性，实在是可怕的冒险。如果威廉二世或妻子早逝——中世纪世界充满不确定性——西西里将会落入德意志皇帝的手中，而后者在过去 25 年极力试图毁灭西西里王国。

威廉二世认为这场冒险是值得的，原因很简单：他可以就此专注于实现征服海外的梦想。他从小听着祖父战无不胜的故事长大，也曾对父亲放弃非洲感到震惊。现在他打算重建西西里的海外帝国。

他的第一次试探简直是一场灾难。北非团结在强大的穆瓦希德王朝（Almohads，又称“阿尔摩哈德王朝”）旗下，轻松击退了诺曼人的入侵。第二次他派出 3 万大军进攻亚历山大港，希望遏制耶路撒冷的威胁、穆斯林新兴的强人萨拉丁（Saladin）。未等诺曼人登陆，萨拉丁大军出现，兵不血刃地击溃了散漫无序的西西里军队。尽管多数将士安全登船，但他们一无所获、空手归来。然而，威廉二世决心坚定，同时地中海东岸形势大好，其中最令人意想不到的，是君士坦丁堡。

公元 1180 年，地中海世界局势剧变。曼努埃尔一世去世，结束了长达 36 年的统治，留下了年仅 11 岁的幼主阿历克塞，还有不得人心的摄政大臣。新政权维持了两年，但公元 1182 年曼努埃尔一世的表弟安德洛尼卡（Andronicus）起兵叛变。

安德洛尼卡是一个非比寻常的人物。他继承了家族一切优点，但丝毫没有其家族的局限性。1182 年他已年过花甲，但看起来比实际年轻 20 岁。他在战场和情场都留下了一段传奇。在通往君士坦丁堡的道路上他曾诱使三位表亲归顺自己，也曾两次遭到驱逐，获得了“革新将军”（听起来有些奇怪）的称号。他无论去哪里都受到热情欢迎。本应和他交战的军队纷纷投降。他到达君士坦丁堡城下后，欣喜若狂的民众护送他穿过金色大门。

然而喜悦并没有持续多久。不到一个月，安德洛尼卡杀害了皇族所有成员。年轻的皇帝阿历克塞被迫签署处死生母的命令，之后他自己也被勒死。安德洛尼卡霸占了阿历克塞 12 岁的遗孀，开始有计划地铲除同情旧政权的人。

而在西西里，威廉二世发现这是天赐良机，可以向公开羞辱自己的拜占庭复仇。西西里内部事务得到小心打理，井然有序。他们与北非缔约，确保后方不会遭到威胁。德意志帝国也随着康斯坦丝的远嫁而中立化。他找到一个西西里希腊人，声称此人是遭到谋杀的阿历克塞二世，真诚地宣布将恢复幼主的皇位。西西里召集了有史以来最庞大的军队。公元 1185 年，255 艘战舰满载 8 万大军，从巴勒莫出发。

当年 7 月，他们抵达达尔马提亚海岸的港口城市都拉斯，仅用 13 天便攻占了这座城市。这样他们便可以进入厄纳齐雅大道，沿着这条古罗马大道横跨巴尔干半岛，抵达塞萨洛尼基，最后兵临君士坦丁堡。

由于诺曼人在出发之前有效地封锁了消息，他们得以出其不意地拿下都拉斯。但塞萨洛尼基是更强大的阻碍。它是拜占庭帝国第二大城市，驻守的军事长官早在一个多月前就已经得到警告，准备防御。

不过诺曼人应该感到幸运。除了关闭城门，这位长官甚至没有一个初步的计划。没过几天他手下的弓弩手就用完了所有的箭，弩炮也打光了所有的石头。更糟糕的是，他甚至都不了解水源供应的情况，后来才发现一些半满的水箱漏水严重。他没有汇报这些情况，而是从中渔利，大大提高个人的物资配给。军中士气跌落，不久一位绝望的守城士兵打开了城门。

这场战役损伤惨重。诺曼人清早进入城内，到了中午已有5000市民死亡。第一天晚上将军们重新控制了局面，但塞萨洛尼基成为一片废墟。诺曼人永远都是机动部队。那时粮食和水短缺，即便在形势最好的时候，也没有城市能够解决多出8万人的问题。西西里人留下了一小股守城军队，然后迅速向君士坦丁堡进军。只要运气好，他们便可以在拜占庭皇宫享用圣诞大餐。

看起来拜占庭没有办法阻止他们。安德洛尼卡精神状态不稳定，他的统治变成了一场屠杀。正如一位史学家的描述，“他一天不杀人，就觉得是浪费时间”。前一秒他还看着手上的鲜血似乎有些懊悔，但下一秒他又走上杀人的极端。他害怕遭到暗杀，在宫外设置路障，整天忙着铲除反对他的或者假想中的阴谋家。诺曼人进军的消息传来，他派兵阻截，但由于他无法相信任何人，于是将军队一分为五，各由一位级别相当的指挥官率领。不久这五位指挥官开始争吵不休，无法统一行动路线。其中有人沿着西西里进军的路线活动，其他人则一路保持防御的态势。

几周后的一天，君士坦丁堡人刚从睡梦中醒来，便看见诺曼舰队来到了港口。此时暴民们猛攻皇宫，可怕的安德洛尼卡在绝望中去世。他死后，拜占庭的命运迅速扭转。新皇帝伊萨克二世（Issac Ⅱ）把四分五裂的帝国军队团结起来，由才能出众的将军阿历克塞·布拉纳（Alexius Branas）指挥。随后他率军进军200英里，与诺曼人正面交锋。威廉二世的部队过于自信、丧失警惕，在渡河时遭到布拉纳的伏击。

尽管诺曼的人伤亡相对不大，但士气严重受挫。他们本来期待着轻松获胜，但显然通往君士坦丁堡的道路本就漫长而艰巨，更不要说最终的围攻了。布拉纳聪明地等待了数月，待到诺曼人士气继续跌落，然后提出停战。西西里正犹豫不决时，布拉纳突然发动袭击。诺曼人毫无防备，更糟糕的是他们的船只都在君士坦丁堡，结果无处可逃，几乎全军覆没。幸存者试图前往塞萨洛尼基避难，但遭到当地居民的袭击，因为后者高兴地发现他们可以借机报复这些洗劫全城的强盗。彼时正值寒冬，只有寥寥数千将士设法躲进山道里，随后借机返回意大利。

这场惨败严重打击了威廉二世的威望，但不幸中的万幸是，他的海军依旧不可战胜；他们轻而易举地攻占了数个岛屿，剿灭了拜占庭舰队。这场战争让世人知道了一位天才将领马加里塔。到了公元1187年，整个基督教世界都需要他的帮助。

当年深秋，一艘热那亚商船沿着台伯河航行，驶入特拉斯提弗列（Trastevere）。不等正式邀请，船上的两位使者匆忙走进拉特兰大教堂，要求面见教皇乌尔班三世。他们带来了难以想象的消息。撒拉逊人占领了耶路撒冷，而基督教圣物真十字架也被抢夺。年事已高的教皇无法承受这一切。乌尔班三世在震惊中回到自己的私人住处，几天之后便离开人世。

西方世界很快做出回应。乌尔班三世下葬第二天，继位的教皇颁布了教皇诏书，号召十字军东征。当诏令传达至西西里时，诺曼人已经开始行动。巴勒莫已经知道了这一可怕的消息，威廉二世抓紧一切时间备战。他穿上驼毛制的粗布衣衫，脸上抹灰，下令哀悼四天，并当即发誓支持东征。集结军队需要一些时间，但为了表明心志，他派天才将军马加里塔前往巴勒斯坦，命其袭击撒拉逊人。

教皇本来苦于找不到十字军东征的发言人，但现在他看到了最理想的人选。威廉二世举止温和，对基督教虔诚狂热，在国内深受欢迎，国外关系广阔。正如他的父亲和祖父那样，威廉二世精通西西里的三种主要语言，愿意接纳伊斯兰教、东正教和犹太教信徒。他适合在重大行动中担任主角，也因相貌出众而出名——不止一位观察者把他比作加冕礼上的天使。彼时他正30出头，奥特维尔家族血统展露无遗，在同龄人中出类拔萃。然而在教皇眼中，最重要的一点或许在于他继承了家族好战的特质。如果说他还没有展现出相应的个人魅力或战略意识，也不过是因为他还年轻，尚未经受检验。这种担心都是次要的；这位国王的作用不过就是华丽的摆设。

至少就这一点而言，他表现得足够出色。他先后致信英格兰国王亨利二世、法兰西国王腓力二世和德意志国王腓特烈一世，说服他们亲自率军夺回耶路撒冷。然而，威廉二世执笔写信的动力不只出于对基督教的虔诚。如果十字军转向西西里，那么西西里的商人将会收获飞来横财。威廉二世不仅在心中呼吁各国君主承担宗教义务，而且极力强调西西里舒适的气候，以及由海路前往巴勒斯坦的诸多好处。

马加里塔在圣地的表现有力地支持了威廉二世的呼吁。他率领60艘战船组成的小型舰队打开了十字军的海上航线，持续对当地海岸施加压力，挫败撒拉逊人攻占拉丁港口的尝试。到了公元1188年夏天，他已经获得了“新海神”（Neptune，罗马神话中的海神尼普顿）的称号，令整个地中海东海岸胆寒。随着他逼近的黎波里海岸的消息传出，穆斯林被迫围攻附近的骑士堡*。第二年，马加里塔出现在提尔（Tyre），令撒拉逊人匆忙撤退。他开疆拓土唯一的障碍在于缺少骑士——他只带来了不到200名骑士，但十字军主力的到来改变了这一切。然而11月中旬，一个可怕的消息导致形势大乱：奥特维尔家族最后的国王——威廉二世驾崩。

他的死因至今不明。当年的消息只说他的去世匆忙而安详。威廉二世统治期间国内和平繁荣，被后人视为黄金时代。人们对他的悼念胜过西西里其他任何一位君主。数百年后但丁甚至将他放入代表作《神曲》中的《天堂》部分，把他描绘为理想的国王。然而，他根本配不上这样的荣誉。与其说威廉二世是个好国王，倒不如说他的运气好；他的时代正好是西西里非常稳定的时期，因此他的统治看上去更加理想。他的父亲不断遭受叛乱侵袭，而他死后国家又陷入内战。如果说他在位期间国家和平繁荣，也不是因为他治理有方。相反，他是非常不负责任的君主。他不仅把西西里的资源大量投入到考虑不周、损失惨重的对外战争中，而且为了一时和平，将国家的未来轻易交给头号劲敌。他的前辈们不惜一切地阻止德意志帝国对西西里的图谋，就连“恶人”威廉也不例外，但他却自愿将其拱手让出。然后，像所有不负责任的领袖一样，他让自己的继承人承担后果。

* 骑士堡是十字军城堡中令人印象最为深刻的一座，坐落在今天的叙利亚海岸边，是的黎波里最重要的要塞。

第十六章

“猴子”国王

Chapter 16

The Monkey King

不同于奥特维尔家族传统，威廉二世的重大失败在于他膝下无子。他在 36 岁那年突然驾崩，国家随之陷入一系列的危机。幸运的是，群龙无首的局面最初并未影响日常事务，因为罗杰二世打造的行政系统暂时确保了国事正常运转。然而，任何国家都不可能长期处于群龙无首的状态，尽管西西里不乏觊觎王位者，但真正打算夺取王位的只有三人。法定继承人是威廉二世的姑母康斯坦丝。一些人因为她是女性而反对，但在大多数人看来，她不合适继位的原因在于她嫁给了亨利六世，后者是西西里的劲敌——德意志帝国的皇储。

反对者聚集在两大贵族——加利利的坦克雷德和安德里亚的罗杰（Roger of Andria）。表面上看二人势均力敌。二人都被称作战争英雄，头衔荣誉无数，可以长年为西西里服务。罗杰获得了大贵族的支持，而坦克雷德深受小贵族和民众的拥护。然而，二人真正的区别在于血统。罗杰是奥特维尔的德罗戈的曾孙，只是国王的远亲；但坦克雷德是罗杰二世的私生孙。后者在血缘上更亲近深受爱戴的罗杰二世——不论其合法性多么脆弱——因此得以更有利地谋求王位。教皇要竭力阻止德意志人主宰西西里，选择支持坦克雷德。公元1190年1月，坦克雷德加冕为西西里国王。

这位新国王身材矮小、皮肤黝黑、奇丑无比。当时一位史学家称他为“小个子”坦克雷德，并用嘲讽的语言形容他长得像猴子。他如此记叙坦克雷德的加冕仪式：“看，一只猴子加冕了！”然而，尽管坦克雷德存在生理缺陷，但他精力充沛、聪明过人、野心勃勃。他参与过1161年的政变，亲自攻进王宫，将“恶人”威廉送进监狱。那次叛变失败后，他接受流放，换取了国王的宽恕。相比于威廉不好的声誉，他从严酷的考验中崛起，个人名望丝毫未损。

他很快就会需要自己具备的所有政治技巧。他加冕的消息刚传出，西西里长期一触即发的宗教矛盾就彻底爆发了。自从诺曼人第一次征服西西里以来，穆斯林人口数量持续下降。罗杰二世在位期间，穆斯林是颇具影响、备受尊敬的少数族群，但随着意大利人从大陆不断涌入，他们的权利逐渐丧失。威廉二世去世后，穆斯林人断定德意志人会欢迎盟友，因而支持康斯坦丝，但坦克雷德成功继位，给了他们致命打击。随着一批基督徒愚蠢地袭击巴勒莫的一座清真寺，西西里的穆斯林人集体暴动。

坦克雷德派出军队稳定局势，阿拉伯人逃往周边的山区，攻占了一些城堡。尽管坦克雷德还是成功地把叛乱势力限制在西西里岛的西部地区，但还是花费了大半年时间才平息叛变。

平叛之所以拖沓缓慢，其中一个原因是坦克雷德被北欧传来的不祥消息搞得心烦意乱。德皇腓特烈一世在十字军东征途中溺水身亡，他那干劲十足的皇子继承了帝国大位。亨利六世还是皇子时便已成为可怕的对手，而现在他已是皇帝。就在西西里遭受穆斯林叛变的袭扰时，亨利六世跨过阿尔卑斯山，入侵意大利。他有两大目标。第一个目标是戴上伦巴第铁王冠（Iron Crown of Lombardy），一顶曾属于罗马皇帝康斯坦丁的金色皇冠。之所以被称作“铁”王冠，是因为它含有耶稣受难（Christ's Crucifixion）* 时的一颗钉子。他的第二个目标是携妻子康斯坦丝登上西西里的王座。

伦巴第没有造成任何阻碍。公元 1191 年，亨利六世率军进入罗马，被惊恐中的教皇加冕为北意大利的主人和西方帝国的皇帝。他的第二个目标看起来近在咫尺。亨利六世大军压境带来的效果与往常无异，整个南意大利陷入动乱。除了熟悉的叛乱贵族，王国内部越来越多的诺曼人支持亨利六世入侵。这些人大多是宿命论者，认为赢得德皇的青睐才是明智之举，也有人断定德意志统治者天高皇帝远，对西西里居民生活的影响和打扰将小于巴勒莫的当地国王。当年春季，亨利六世踏上诺曼人的领土，发现整个南意大利实际上已陷入了公开叛乱。

坦克雷德无法离开西西里岛去恢复局势，因为他深受穆斯林叛乱

* 有大量遗迹包含耶稣受难这一主题。例如，在君士坦丁堡，人们可以看到穿过耶稣侧身的长矛、荆棘皇冠、圣十字架、耶稣的裹尸布，甚至是小瓶的耶稣血液。

的困扰，仍在努力巩固自己的权力。然而，他很快采取了行动。他给半岛上的将军运来大量黄金，用来招兵买马、收买仍效忠自己的城市。坦克雷德的果断——以及一次好运——救了自己。炎热的夏日永远是西西里最重要的防线，夺走了不少德军将士的性命。坦克雷德借此击溃了德军先遣部队，亨利六世决定撤退。失去了帝国的支持，叛军也随之溃散。叛军头目安德里亚的罗杰先前还意图争夺王位，如今却被逮捕并处死。

坦克雷德的勇气挽救了局势，但他知道自己只不过略延缓了亨利六世的入侵步伐。他没有太多时间享受胜利，因为诺曼英格兰国王——“狮心王”理查一世正在向西西里进军。

尽管理查一世仅比坦克雷德早一年登基，但他“英雄冒险家”的名声已经广为人知。自16岁那年起，他便开始指挥军队征战沙场。到了公元1191年，他的大半生都是在战场度过的，被广泛视作可以赶走撒拉逊人、收复耶路撒冷的人物。公元1188年，圣城的陷落引发了新的十字军东征，欧洲各国君主当即宣誓支持。令教皇高兴的是，理查一世同意担任十字军统帅，条件是法王腓力二世与他同行。他提出这个条件不是出于帝王间的情谊，而是因为他并不相信腓力二世，并且准确地怀疑腓力二世将趁自己离开国土后收回原属于法兰西的领地。“好人”威廉发现十字军东征将带动贸易增长，带来意外收获，于是在临终前给两位君主写信，说明西西里会是理想的出发地。二人均同意其看法，现在坦克雷德要极不情愿地当这个东道主了。

理查一世向来都是不好招待的客人。尽管他被誉为骑士精神的典范，但很容易厌倦现状。他对冒险出征的兴趣远胜过统治一方。十年统治期间，他只有六个月在英格兰度过。正如历史学家斯蒂芬·伦西曼所说，“他不是好儿子，不是好丈夫，也不是好国王，但他是英勇杰出的士兵”。理查一世向来喜怒无常，抵达西西里时他的心情十分恶劣。

理查一世心情不好是有原因的。他容易晕船，坐船从意大利半岛横渡海峡令他很不舒服。到达墨西拿后，他发现腓力二世已经先到一步，并且径自前往王宫，而自己只能接受一般的住宿招待。这些烦心事足以让他发火，但随后一个更严重的外交问题出现了。

为了吸引理查一世前往西西里，“好人”威廉承诺他会收到豪华厚礼。但坦克雷德已将大量财力花费到意大利的防卫，因此拒绝赠送他礼物。更严重问题是坦克雷德对待威廉的遗孀乔安娜的方式。乔安娜相信康斯坦丝才是西西里的正统君主，于是愚蠢地口头支持德意志人对付坦克雷德。作为报复，坦克雷德将乔安娜软禁起来，没收了她的大量地产。假如乔安娜只是个小贵族，这件事也就到此为止了。然而，乔安娜正好是理查一世的妹妹。

当坦克雷德的使者前来欢迎理查一世时，后者要求西西里归还乔安娜及其所有财产，并威胁称不达目的绝不离开。坦克雷德当即妥协。他已经忙得焦头烂额，不想冒险和十字军起冲突。乔安娜携带全部财产被送往理查一世的住所，坦克雷德出于尊重还额外赠送了一些。这些本该满足理查一世的虚荣心了，但他享受西西里的气候，认为这是一个绝佳的基地。他洗劫了卡拉布里亚，占领了小城圣萨尔瓦多（San Salvatore），用以安置乔安娜，随后返回墨西拿，派兵占领了当地最好的修道院，驱逐了希腊僧侣。

以希腊人为主体的墨西拿居民陷入惊恐。他们曾张开双臂热情欢迎著名的“狮心王”，得到的却是敌意和残忍。暴力驱逐教士的场景成为最后的导火索。民众走上街头，拿起所有能找到的武器，冲向理查一世的别墅。

英格兰人毫不留情地予以反击。理查一世命令手下烧毁港口边所有西西里船只，断绝暴民们的退路，然后摧毁整座城市。唯一幸存的是市中心的大宫殿，惊恐的腓力二世就住在那里。镇压结束后，理查一世召集幸存者，强迫他们建造一座高大的木制堡垒。为了确保每个人都明白其含义，他将堡垒命名为“伟大的杀手”。

如此暴行天怒人怨，西西里人全部团结在坦克雷德旗下，志在反击。但令人惊讶的是，坦克雷德甚至没有正式提出抗议，因为他有更大的计划。无论理查一世的行为多么可憎，此人也不足以成为长远的威胁。坦克雷德真正的敌人是亨利六世，因此必须要团结一切可以团结的力量。如果他不得不在自己的王国内放下自尊，维持与理查一世的友好关系，这样做也值得。因此坦克雷德没有派兵讨伐，而是给理查一世送去大把黄金，足够他以任何方式进入圣地，并恳请他在西西里过冬。

理查一世在西西里过得相当快活，但他与法王关系紧张，一触即发，而且他背负着十字军东征的誓言。因此他拒绝继续停留，但又索要了一批礼物，作为承认坦克雷德合法君主地位的条件。圣诞节后，二人在巴勒莫会面，订立婚约，将坦克雷德10余岁的女儿许配给理查一世4岁的儿子，从而巩固了同盟关系。作为友谊的象征，理查一世赠给坦克雷德一把宝剑，并宣称这是王者之剑（Excalibur）*。

坦克雷德的耐心收到了成效，当亨利六世再次出征的消息传来，时机似乎已到。坦克雷德再次请求理查一世留在西西里，但英格兰国王决心已定。到了4月，理查一世和腓力二世都已离开，西西里只能独自面对德意志帝国。

亨利六世并不着急。他带着妻子康斯坦丝和大军出征，非常清楚坦克雷德在大陆几无支持。他进入南意大利西西里王国的领土后，一路上没有遇到抵抗。作为诺曼人征服的第一个意大利城市，阿韦尔萨（Aversa）不战而降，而整个诺曼底王国北部地区莫不如是。

坦克雷德非常失望，但他或许并不惊讶。他专注于南部地区的防御，选择在那不勒斯进行抵抗。尽管海军统帅马加里塔依旧开放港口，那不勒斯居民却进行了英勇抵抗，其壮举足以载入史册，就连亨利六世也难以忘怀。他无法有效地切断这座城市与海上的联系，因此他的围攻毫无意义。灼热的夏日令众人苦不堪言，他决定撤退重组。为了告诉诺曼人自己必将卷土重来，他把皇后康斯坦丝和一整支卫队留在了萨勒诺。

为了虚张声势，亨利六世故意缓慢撤退，但这也是个愚蠢的错误。亨利六世看错了南意大利民众。那些曾经迅速归顺他的城市，如

* 传说中亚瑟王使用的宝剑。

今却迫不及待地向西西里表示忠心。萨勒诺市民迫不及待地消灭了德意志卫队，抓捕了康斯坦丝，并把她送往巴勒莫。

诺曼西西里难以置信地得救了。没有康斯坦丝，亨利六世根本无法对王位提出要求，而释放妻子的条件则是承认坦克雷德为国王。亨利六世只能承认自己的失败，漫长的战役也该就此结束。

看到无所不能的北边邻国受挫，教皇同样感到高兴。他当即致信坦克雷德，愿意替后者担保。但他还通过这封信提出了一个令人震惊的要求。信上表示，如果一方囚禁另一方的妻子，双方永远无法发展友好关系。教皇指示坦克雷德将康斯坦丝送到罗马，交给他仲裁。

坦克雷德陷入两难境地。如果他把康斯坦丝扣在巴勒莫，就会得罪新盟友，亨利六世就会以正义的十字军领袖姿态，讨伐教会的敌人。如果他释放康斯坦丝，就会失去一个筹码。经过一周的痛苦纠结，他极不情愿地同意康斯坦丝穿过墨西拿海峡，到达欧洲大陆，并前往罗马。不到一个月，他最坏的打算便已成真。德意志帝国的骑士伏击了随行的诺曼人，放走了康斯坦丝。不到两周后，她已经回到亨利六世身边，后者则积极备战，决心重新将妻子送上王位。

唯一的好消息是教皇积极地支持坦克雷德。他支持一些德意志贵族发动叛乱，迫使亨利六世忙于应付，用了 9 个多月才最终扫平叛军。

坦克雷德趁着喘息的机会另寻盟友。“狮心王”理查毫无作用。他在第三次十字军东征中不甚成功，回国路上还被亨利六世俘虏，现在正被囚禁在德意志宫中。他的兄弟约翰并不急于赎回他，但也送来了几船白银，解决了亨利六世装备战舰、入侵西西里的燃眉之急。坦克雷德别无选择，只能联系德意志帝国的天敌——拜占庭帝国。经过几次匆忙的谈判，坦克雷德说服了拜占庭皇帝伊萨克二世同意联姻。但诺曼人并不走运，因为拜占庭人无力施援。伊萨克二世只是一个衰落王朝的虚弱君主，外强中干。不出 10 年，拜占庭帝国就被第四次十字军东征击垮。

教皇是坦克雷德唯一有力的盟友，但他已经 87 岁高龄，身体虚弱，面对即将到来的风暴，他也不可能提供帮助了。西西里国王勇敢地独自作战。公元 1193 年夏天，他来到大陆，准备防御。然而，意大利半岛各地都出现了公开叛变，没有叛乱的城市也弥漫着失败主义情绪。不过，通过外交、贿赂和炫耀武力等方式，坦克雷德逐渐恢复了自己的权威。

如果他继续努力，或许有机会阻止亨利六世。然而，关键时刻他突发高烧。坦克雷德返回巴勒莫，希望当地的气候能帮助其改善健康状况，但结果适得其反。2 月初，他的儿子——年仅 18 岁的王储去世。几天后，悲痛欲绝的坦克雷德也离开人世。

没有坦克雷德，西西里便没有希望。国王和王储双双去世，也打消了西西里王国反抗的意愿。坦克雷德 3 岁的儿子威廉三世加冕继位，但整个加冕仪式令人沮丧。参加典礼的人决心向亨利六世求和，停止抗争，甚至连坦克雷德的王后西比拉（Sibylla）也承认现在已是穷途末路。她带着儿子躲进一座城堡，等待最后一击的降临。

他们并没有等太久。亨利六世穿行意大利的旅途比军事征讨更加顺利。大多数城市主动打开城门，移交人质，以彰显自己的忠心义举。尽管那不勒斯曾在上一场战役中英勇抵抗，但这一次还未等德意志兵临城下便不战而降。没有了坦克雷德的能量，西西里各地士气尽失。10月，亨利六世以减税为诱惑，软化了墨西拿人的斗志，成功借道，畅行无阻地登陆西西里岛。一个月后，众叛亲离的西比拉宣布投降，亨利六世进入巴勒莫。奥特维尔家族在西西里仅60年的统治成为历史。

公元1194年圣诞节，亨利六世加冕，西比拉王太后和威廉三世也参加了加冕仪式，二人见证这一幕时，或许既感到解脱又难抑悲伤。面对遭到罢黜的诺曼人，德皇的处理手段温和得让人惊讶：他许以大量的土地财产，保证让他们过着舒适的生活。人们一度认为这位来自远方的皇帝会采取温和的统治，而他对待王太后的方式也印证了这一点。然而，亨利六世加冕仅过去4天，他突然改变了策略。他声称西比拉和年轻的威廉三世策划谋杀，并以这个莫须有的罪名将二人逮捕，用船送往德意志。所有参加过坦克雷德加冕仪式的诺曼贵族都被集中处死，而德皇派出的征税官已经进驻西西里岛。诺曼人在巴勒莫积攒的所有财物都被打包运往北方，其中最著名的物品（包括罗杰加冕仪式上穿的礼服）保存至今。

对西比拉王太后而言，她至少有一个不错的结局。她被关押5年后获释，低调地度过余生。然而，其子威廉三世就没那么幸运了。这位诺曼西西里末代国王在德意志的监狱中去世。有资料表明亨利六世下令将他阉割并挖去他的眼睛，也有资料称他被强迫剃发。或许这些遭遇都有；不论怎样，他被关押了不到4年便惨死狱中。

诺曼西西里王国只持续了64年，对于西西里人来说，国家的灭亡带来了巨大损失。正如洞察时事的居民所担心的，西西里岛在庞大的德意志帝国版图内迷失了自己。西西里不再享有自治和管理权，之后它永远都是某个大国的一部分。真正的悲剧在于，是西西里统治者自己放弃了独立的地位。

国王的绝对权力历来是诺曼西西里的“阿喀琉斯之踵”。王国的一切都有赖于国王的人格力量。才华横溢的罗杰给西西里带来了财富和繁荣，但威廉治下的西西里却迅速衰退。坦克雷德或许配得上王位，但他没有机会证明自己。诺曼西西里曾经一度闪耀欧洲；但西西里岛从此再也不复当年的繁荣和幸福。

第十七章

腓特烈二世与诺曼的迟暮

Chapter 17

Stupor Mundi and the Norman Sunset

在诺曼王国走向终结的过程中，有一个中心人物显然没有参与。这个人就是威廉二世的姑母康斯坦丝。她的侄儿曾许诺将王国传给她，亨利六世以她的名义入侵并征服了西西里，但康斯坦丝却错过了他的加冕仪式。

尽管康斯坦丝拥有奥特维尔家族血统，并且严格意义上是西西里的统治者，但她却从未跨越海峡参加西西里的庆典。她在欧洲大陆生活，并在那里生下了亨利六世唯一的儿子。由于他在阿西西（Assisi）受洗，因此被当地人称为“阿普利亚之子”，并深受南意大利人欢迎。他的教名是腓特烈和罗杰，以此纪念他的两位祖父，并体现了大家对他的希望：即能拥有腓特烈一世的英勇斗志，又具备罗杰二世的治国之才。

如此期望简直令人目眩。他出生时人们的庆祝堪比弥赛亚降临。人们预期他的统治就如同完美的太阳，没有乌云遮蔽，不会受到侵蚀。

腓特烈二世的青年时代在华丽宜人的宫殿中度过，身边不是穆斯林导师的教导就是奢华的享受，但他的童年时代并没有阳光。两岁那年他的父亲去世，自己被送到德意志继承皇位。途中他发现叔父斯瓦比亚的腓力（Philip of Swabia）质疑自己的继位，并已经发动了内战。腓特烈二世被送回巴勒莫，于公元 1198 年 5 月 17 日加冕。其母康斯坦丝试图安抚臣民，于是断绝了与德意志帝国的所有联系。她把专横的帝国顾问遣送回国，放弃腓特烈二世对德意志帝位的继承权。不幸的是，康斯坦丝本人也在同一年去世，三岁半的腓特烈二世成为孤儿，交由教皇照料。

由于腓特烈二世要依赖教廷，他那些炫丽的头衔看起来不过是毫无意义的嘲讽，而更糟糕的羞辱还在后面。年事渐高的教皇没有兴趣恢复腓特烈二世在德意志的利益*，事实证明他甚至无力保护腓特烈二世在意大利的领土。叔父腓力率领的德意志军队成功入侵那不勒斯，并在热那亚的帮助下跨过西西里，控制政府。德意志人甚至都懒得正式罢黜腓特烈二世；他们已经完全无视他的存在，只是以其名义进行统治。

腓特烈二世遭到囚禁，已经完全被无视了。他只能在巴勒莫的街头游荡，由富裕的市民每周或每月轮流提供日常餐食。对于年轻的腓

* 教廷的政策一向都是对立的，即让帝国和西西里岛尽可能地隔离开。

特烈二世来说，他显然上了重要一课：人生的成功不是出自头衔或地位，而是实现目标的意愿。他周围每个人都试图利用自己，因此他不会相信任何人，而是把自己的筹码深藏不露。成功显然属于更加自私、更加残酷的目标追求者。

14 岁那年，腓特烈二世结束了未成年时期，正式执掌西西里政权。他很大程度上有名无权，他在宫中发表讲话，充分表露出沮丧之情，也体现出他的弥赛亚倾向：

“国民们，聚集起来，过来看看，是否存在像我这般的悲伤。我的父母去世时，我还没有感知到他们的爱抚。我出自一个令人敬畏的家族联盟，但从小就被交给不同的仆人，但他们在侍奉我和皇室成员时只是敷衍了事……我不是君王：我没有统治，而是被统治者；我乞求恩宠，而不是赐予恩宠。我一次次地乞求你们，地上的王公们……释放恺撒之子吧！”

腓特烈二世努力在意大利树立自己的权威，而一场危机正在德意志酝酿着。他的叔父腓力在一场旷日持久的内战中败给了贵族不伦瑞克的奥托（Otto of Brunswick）。尽管教皇本该维护腓特烈二世的利益，但他却给叛乱篡位的奥托加冕。这个 34 岁的篡位者转而把腓特烈二世视作王位的首要威胁。他刚刚准备就绪，便入侵意大利，试图消除这个威胁。他的军队横扫卡拉布里亚，无人阻挡，而 16 岁的腓特烈二世正在寻找盟友。

令人惊讶的是，教皇第一个同意结盟。自从诺曼人在南意大利建立王国后，历代教皇都把它视作抵抗德意志帝国的堡垒。由于腓特烈二世是德意志和西西里两国的君主继承人，他也变成教皇的梦魇：罗马从南到北将被一个强权包围。因此他特地为奥托加冕，阻止这一情况发生，但如今奥托进军意大利，极有可能拿下西西里，这又会把教皇的噩梦变成现实。教皇得到了两个承诺——继续十字军东征，德意志和西西里君主永远不再由一人独揽，随后便转而支持腓特烈二世。

至少从短期来看，教皇彻底转变立场的选择非常明智。奥托的侵略看似不可阻挡，但实际上来也匆匆去也匆匆，因为教廷在他不在场的情况下便将其逐出教会。这场胜利的远征变成了尴尬的竞赛，他要抢在腓特烈二世之前登上王座，而后者将西西里交给妻子治理，返回德意志。他抢先一步，抵达德意志西南部城市美因茨。

尽管腓特烈二世的王位继承权更合法，但他和奥托起初都不曾占据上风。南方的贵族从来没有完全支持过奥托，这一次他们支持腓特烈二世。但北方的贵族却更倾向于支持他们熟知的“恶魔”奥托，而非自己并不了解的腓特烈二世。双方陷入僵持，谁都无意冒险进攻，除非确定自己握有某些优势。小心谨慎很有必要。两军在第一次也是唯一一次冲突中基本相持不下，直到奥托的坐骑受伤，侍从才焦急地护送他离开战场。此时谣言四起，说他抛弃了大军，结果导致撤退变成了溃败。奥托回到北方的一处家族领地，坚持抵抗了三年。

公元 1215 年盛夏，腓特烈二世在首都亚琛再次加冕。这场庆典并不完美，因为教皇在赐予他“皇帝”头衔的问题上拖沓不决。但无论是国王还是皇帝，腓特烈二世现在面临着一个重要的问题：他在哪里立足？他控制着欧洲另一端的国家，中间隔着阿尔卑斯山和敌对的伦巴第诸国。巴勒莫和亚琛都是西欧世俗权力的中心。

如果只考虑个人威望的问题，这个选择很容易做出。“皇帝”的宫邸、查理曼的继承人，以及——至少从宣传上说——古罗马帝国的荣光，显然胜过西西里王国。然而，他还有更加实际的考量。在德意志腓特烈二世权力受限，他要对封建贵族负责，而这些贵族聚集到他的麾下，并非出于忠诚，而是要摆脱先前的统治者。但另一方面，在西西里，他将是拥有绝对权力的君主，可以随心所欲制定法律。在南意大利，他也更有在家的感觉。尽管腓特烈二世拥有条顿人的名字，但他是南方诺曼人的后裔。他在巴勒莫成长，这里塑造了他的神形思想。因此，当他面临选择时，他毫不犹豫地回家了。之后大约 35 年间，他只回过德意志一次，只是短暂停留。

可以料到教皇对此愤怒至极。教皇支持腓特烈二世的条件之一，就是后者将南意大利传给其子，将势力范围限定在德意志。因此腓特烈二世才重新立誓，参与十字军东征，以图安抚教皇。如果说腓特烈二世当即备战，他的表态会更有效果，但事实上他对耶路撒冷几无兴趣，对基督教更没兴趣。有时他还卑鄙到嘲讽自己军中的基督教元素。在一次战斗途中，他指着一片麦地说“你们的上帝就在这里生长”——这话是在贬损圣餐饼。

然而，如果说他对宗教没有兴趣，他对其他一切事物倒是充满好奇。他的好奇心永远都不满足，如果学界权威的观点与他的观察结果不合，他愿意一反常态地抨击这些权威，如普林尼、希波克拉底和亚里士多德。他收集了各种动物，尤其喜欢异国物种。他集齐了大象、长颈鹿、骆驼、猎豹、黑豹、猴、熊和开罗苏丹送来的珍禽——白色凤头鹦鹉。不过他不只是动物爱好者。他用科学的方式接触万物。例如，他曾记录苍鹰瞄准猎物时眼睛会瞪大，还记载过两种猎鹰的不同并非过去传统所论述的那样。他写了数篇关于驯鹰的论文；还将鸟分类，并研究它们筑巢、迁徙的方式和日常习惯。

他邀请各国学者入宫。数学、几何学和代数学专家都为他写过论文。医学在欧洲其他地区几乎不存在，但他解囊资助。那不勒斯成立了一所大学，成为意大利仅有的两个获准教授医学的地方之一。* 未来的医生需要该校专家委员会授予执业许可，方能服务病人，这样就为质量控制提供了统一标准。学校获赠一批希腊文和阿拉伯文文稿，这样（如腓特烈二世所说）有助于学生“旧瓶装新酒”。学生都有补助，在外旅途中还有皇家卫兵保护，这一切都由国王出资。学生们也被低廉的学费和实用的补贴款所吸引，纷纷来到那不勒斯求学。

腓特烈二世是一位多产作家，他完成了数篇医学论文，甚至亲自开业行医。在处理政务期间，他抽时间指导兽医照顾马匹，参加最著名的数学家的讲座，还亲自试验，切开尸体的腹腔，探索肠胃功能。

他还是一位颇有成就的诗人，热爱语言学†，曾试图实现意大利语

* 另一所大学位于萨勒诺。

† 据说他命两名保姆在照顾婴儿时不说一句话，以此探索人类的自然语言。不幸的是两个孩子在试验完成之前都夭折了。

的标准化。但丁为完成这一任务做出了主要贡献，他非常认可腓特烈二世，称其为意大利诗歌之父。腓特烈二世精通西西里王国境内所有语言，包括意大利语、希腊语、拉丁语、阿拉伯语、德语和法语。

正如祖父罗杰二世一样，他大力资助艺术，在（自己设计的）宫中填满了马赛克艺术品、大理石、油画和雕塑。他在巴勒莫的宫殿成为欧洲著名的学术中心，尽管离文艺复兴运动还有两个世纪，这里已经成为文艺复兴的殿堂。难怪当时的人们称他为“世界的奇迹”。

尽管腓特烈二世统治着欧洲两端的两大国，他关注的显然是西西里。西西里岛饱受内战和外敌入侵的摧残，大部分地区人口剧减。他从德意志返回后，便安排退役士兵在此定居，并在未被利用的土地上发展工业。随后他宣布打倒一切封建残余。他将各省的长者召集到宫中，询问他们当地的传统王法及习惯法。他将这些条文一一核对，去除矛盾的内容，整理制定了官僚机构的章程，界定了不同官员的权力。从妓院管理到臣民着装规定，大小事务都纳入控制管理。他任命了只对国王负责的法官，旨在遏制腐败，并为寡妇、孤儿和穷人提供免费的法律援助。尽管腓特烈二世拥有绝对统治权*，但他的章程为成文法开创了先例，并长期成为西西里法律的基础，直至19世纪。

尽管腓特烈二世改革了西西里，但远在国外的事件迫使他将注意力转向圣地。公元1187年耶路撒冷沦陷，但无论是第三次十字军东征还是灾难性的第四次东征，都没能将其收复。于是，公元1217年，

* 他的随从称他为“世界上活的法律”。

第五次东征开始了。腓特烈二世含糊其词地承诺随同出征，但一如既往地食言。尽管缺少强人领袖，但十字军仍取得一些进展，迫使苏丹提出用耶路撒冷换取敌对行动的停止。十字军预期腓特烈二世即将领兵前来，因此拒绝了苏丹的请求。然而，随后他们便遭到反击，仓皇而逃。无论公平与否，每个人——包括圣地和欧洲——都将这场灾难归咎于腓特烈二世。

腓特烈二世似乎并没有太过烦心，面对国际上的巨大压力，他继续无视自己的誓言。绝望的教皇同意增加筹码。耶路撒冷王国 13 岁的继承人尤兰达（Yolanda）未婚，而腓特烈二世也是鳏夫。二人于公元 1225 年结婚，于是腓特烈二世正式成为耶路撒冷国王。这样他有了新的动机，承诺在 1227 年年底之前发动十字军东征。他将出征日期定在 8 月，但因发烧而推迟，声称直到身体痊愈方可出发。教皇怀疑这又是他的拖延策略，一怒之下将其逐出教会。

腓特烈二世与教皇谈判数月，仍未能取消禁令，于是他决定无视教皇，发起拖延已久的远征。这次十字军东征颇为奇怪。他是一个被逐出教会的怀疑主义者，根本不相信自己为之奋斗的信仰，他的军队规模极小，不足以完成使命。他根本不被耶路撒冷的守军放在眼里，也不可能得到国际援助。但这些都没有困扰他。由于军队规模太小，外交途径成为唯一选择，而他很清楚自己在这方面的能力。

一抵达阿卡（Acre），他就用渊博的知识和完美无瑕的阿拉伯语折服了苏丹的使者。苏丹的博学之士与他交谈后，汇报称他几乎可以在各个领域与他们交流。数周后两位君主亲自会面，结果也是如此。

苏丹为他的魅力所倾倒，同意交出耶路撒冷（当然，圆顶清真寺除外）及海岸地带一小部分地区。一个月后腓特烈二世便进入了他刚刚赢得的城市，正式接管。他径自走向圣墓教堂，从圣坛高处拿下金色王冠，将自己加冕为耶路撒冷国王。

尽管他取得了意想不到的胜利——除第一次外，其他所有的十字军东征均以失败告终——但大多数欧洲人都对此反感。尽管耶路撒冷暂时回到基督徒手上（至少在腓特烈二世手上），但一些最神圣的地方仍被穆斯林把持着。耶路撒冷被穆斯林的领地包围着，而且根据协议，基督徒禁止建造城墙。大家一致认为，耶路撒冷再次陷落只是时间问题。

此外，最主要的原因在于，收复耶路撒冷的是一个异教徒。就在腓特烈二世加冕一天后，该撒利亚主教兵临城下，封锁了耶路撒冷。城内分化为两派，分别拥护腓特烈二世和支持教皇。在当时的情况下这座城市根本无法统御，腓特烈二世就此离开，从此不再回来。群龙无首的耶路撒冷又挣扎了 15 年，最后不出意料地再次回到穆斯林手中。

腓特烈二世匆忙回国另有重要原因。他在圣地得到消息，摄政王已经发动了和教皇的战争，教皇大军已经入境。抵达意大利后，这位以公正、慷慨、富有外交手段而著称的君主，展示了自己残忍无情的另一面。他赶走了教皇军，对勾结教皇的人穷追猛打。叛变的贵族应邀前去谈话，结果均遭抓捕。异见人士被裹起来扔进火炉，他们的妻子则被塞进阿普利亚城墙，垒上砖头，在折磨中慢慢死去。

腓特烈二世和教皇的战争令中世纪的人们深感不安，但关于是非对错大家看法不一。林肯主教谴责教皇是反基督徒，但其他人咒骂腓特烈二世，甚至计划将其谋杀。双方都认为出现了可怕的问题。基督教世界的精神领袖和世俗领袖应该成为同盟而非敌人。当双方终于在公元 1230 年达成和平协议时，欧洲多数地区如释重负。

然而，和平是暂时的。腓特烈二世的儿子亨利起兵叛变，试图封锁由阿尔卑斯山到达德意志的通道，但腓特烈二世设法逃走，最后迫使他的皇储投降，成为阶下之囚。尽管德意志投降了，但北意大利的伦巴第诸城借机叛变。教皇情不自禁地支持叛变，他和腓特烈二世旧日的争执再次爆发。

腓特烈二世用了 5 年时间，残酷地镇压了叛变的意大利城市。为了庆祝胜利，他过早地采用古罗马的胜利庆祝仪式，骑着大象公开游行。然而，受挫的教皇并未被打垮，1239 年，他第三次将腓特烈二世逐出教会，并鼓动意大利诸城再次叛变。腓特烈二世兵临罗马城下，但他无意围攻罗马，而是洗劫了周边的教皇国领地，以发泄心中的愤怒。他还没开始威胁罗马，却发现教皇已经去世。由于他出兵只是针对教皇本人而非罗马教廷，于是就此撤军，希望新教皇处事更为妥当，并取消驱逐禁令。

但不幸的是，新教皇英诺森四世（Innocent Ⅳ）比前任更加顽固。腓特烈二世试图将他逐出罗马，但英诺森四世逃到热那亚，在一个相对安全的地方宣布罢免腓特烈二世。德皇派出一支部队向北进军，但在帕尔马遭到溃败。过去这样的挫折基本上无足轻重，但 54 岁的德皇开始感受到连续征战的压力。不久后他的次子被俘，另一个儿子遭到杀害，带来双重打击，令他性情大变。他变得极其犹豫不决；上一秒他还说要攻击教皇的大本营，但下一秒就想温顺地投降。公元1250年，他终于放弃了一切，穿上了基督僧侣的斗篷。当年12月13日，腓特烈二世去世。他的遗体被运送到巴勒莫，安放在板岩石棺中，与祖父罗杰二世并排安息。

腓特烈二世在世时便是毁誉参半的人物，去世之后也是如此。英诺森四世得到他去世的消息后，高兴地表示“让天堂欢愉、大地喜悦；因为他的死，强大的上帝不再用雷雨闪电威胁我们，而是带来清新的微风和润物的雨珠”。但丁也同意腓特烈二世带来了无尽的战争，在《神曲》中安排他进入地狱最底层城市狄斯（Dis）中，与其他异教徒同处一个墓室。无论走到哪里，他似乎都会挑动周围人的敏感神经。他妻妾成群，为基督教世界所不齿，而从个人外表和热爱奢华方面来说，他完全是一个东方人。

但对其他人而言，他真的是世界的奇迹，是那个时代最博学、最有为、最有魅力的人物。他还在世的时候，便被冠以不少传奇人物的称誉。他是伟大的皇帝，宣布最后的审判，重建圣墓教堂，冲破罗马的封锁，建立自由的国家。当他在为之奋斗的过程中去世时，一般人都不相信他已经离开人世。德意志人声称他只是在基夫豪塞尔山（Kyffhäuser Mountain）下安睡，待到乌鸦聚集的那天，他就会归来，重塑帝国昔日的荣光。

然而，事实上腓特烈二世称不上德意志国家英雄。他在巴勒莫的时间超过了在美因茨或亚琛，他抛弃德意志纯粹是为了谋取更大的个人权力。某种程度上他是诺曼西西里王国晚期的缩影，毫无保留、独立自主，但最终遭到忽视。他在世的时候，英王约翰于公元1215年签署了《大宪章》(*Magna Carta*)，依法朝着现代民主跨出了不朽而伟大的一步。尽管腓特烈二世带来了成文宪法的概念，这在他去世500年后成为一切民主改革的基础，但这个贡献也随着《大宪章》的出现而很大程度上被人遗忘。

如果说腓特烈二世的统治是西西里末日辉煌的小阳春，那么西西里的严冬随后迅速来临。他去世16年后，安茹的查理（Charles of Anjou）入侵西西里岛，杀死了腓特烈二世的儿子和孙子，终结了霍亨斯陶芬家族*，即罗杰二世的家族。西西里王国仍保持其领土完整，先后被不同的欧洲君主所统治，直至19世纪。但西西里再也没有遇到本地的君主；而在其统治者眼中，西西里不过是一个次要问题。

* 收复失地运动是斐迪南和伊莎贝拉于1492年完成的。

后记
诺曼人的历史遗产

Epilogue
The Norman Legacy

到了公元 1154 年，诺曼人正在逐渐消失。那一年罗杰二世去世，尽管严格上说腓特烈二世延续了诺曼人的统治，但奥特维尔家族在西西里的统治开始衰落。同年诺曼人在英格兰的统治也被取代。“征服者”威廉之孙布洛瓦的斯蒂芬（Stephen of Blois）在当年去世，他也是最后一位纯正的诺曼国王。继承王位的是安茹王朝（又称金雀花王朝）的第一位国王。只有在博希蒙德的安条克公国，统治者仍是开国者的诺曼直系后裔，但与原来相比，这个国家只是一个可怜的阴影。

诺曼安条克公国被一群敌国包围，能设法生存也是因为敌人并未团结一致。博希蒙德的后人维持着统治权，直至公元 1268 年蒙古人入侵，野蛮地洗劫了该城，消灭了这个存在时间最长的十字军国家。流亡中的博希蒙德家族仍宣称拥有安条克大公的头衔，但其价值与日俱减，而且通常都传给了家族的幼子。公元 1456 年，这个头衔最终被一位葡萄牙王公占有，但次年他就被自己的岳母囚禁，此后无人再费心争夺这个头衔。

到了那时，诺曼人的统治已经过时，相比于罗洛、“征服者”威廉、罗伯特·吉斯卡尔的时代，世界也变得大不相同。他们每一个人在缔造新欧洲的过程中都起到了至关重要的作用，尽管他们的出发点并非如此。

考虑到诺曼时代短暂的历史，诺曼人的成就显得越发惊人。从公元 10 世纪到 12 世纪，他们的统治只持续了 200 年。诺曼人在西西里的统治也只有两代辉煌，尽管之后又延续了 40 年，但已经失去了昔日的活力。诺曼人在东方衰落的速度更快。尽管安条克公国延续了将近两个世纪，却只历经了两位有效的统治者，其中后一位是坦克雷德，于公元 1112 年早逝。

时间冲淡了诺曼人躁动的能量。无论统治何方，他们在当地总是少数族群，最终被当地的被统治者同化。英格兰的诺曼人变成了英格兰人，西西里的诺曼人变成了意大利人。公元 1204 年，诺曼底被法兰西吞并，本土诺曼人也被周边族群同化，逐渐消失。

但对那伟大的两代人而言，他们主宰了世界。“征服者”威廉、罗伯特·吉斯卡尔和“伟大的伯爵”罗杰一世处于同一时代，他们的下一代英格兰的威廉二世、安条克的博希蒙德和西西里的罗杰二世也是同代人。他们每一个人都是伟大的征服者，身边都有一位施政有方的行政长官，巩固了他们的成果，为国家持续发展奠定了基础。公元 1054 年，这三位最著名的诺曼人分别只是非法的公爵、自我美化的海盗和一文不名的骑士。100 年后，他们的后人统治了欧洲最强盛、最耀眼的两大王朝，以及最伟大的十字军国家。

诺曼人还带来了更持久、更重要的改变。他们统治的时代经历了根本性的转变。10 世纪的观察者无法料到西欧能够持久存在。这个地区被强大的拜占庭和伊斯兰国家包围，分裂为十多个权力分散的小国，彼此之间不停地争执、无法统一。西欧总是处于被动的守势，不关注外部世界，还遭到北方维京人、西方阿拉伯人和东方马扎尔人的攻击。到了 12 世纪，一切都已经改变。欧洲在各个领域都充满自信、开疆拓土，击退了征服西班牙和小亚细亚的穆斯林。中央集权王国取代了弱小的封建国家，此后迅速崛起，最终成为支配全球的力量。

诺曼人处于欧洲历史的重大转折点。他们的能量和胆识改变了欧洲，他们的活力引领着新的时代精神。第一次十字军东征由诺曼王公领军、诺曼骑士参战，这并非巧合。同样不足为奇的是，历代支持改革的教皇接连得到诺曼军队的支持，或者得到远在小亚细亚和西班牙的诺曼雇佣军拥护。

他们书写了中世纪白手起家的精彩故事，完全体现了维吉尔的格言“天助勇者”。从汉尼拔到拿破仑时代，其间几乎再没有比他们更伟大的冒险家了。

如果需要证明什么的话，他们向世人证明，非凡之人可以改变历史进程。

帝王列表
List of Emperors

加洛林王朝

800–814 年　查理曼（查理大帝）

814—840 年　路易一世（Louis I the Pious，“虔诚者”路易）

840—855 年　洛泰尔一世（Lothair Ⅰ）

855—875 年　路易二世（Louis Ⅱ）

875—877 年　查理二世（Charles Ⅱ，“秃头”查理）

881—887 年　查理三世（Charles Ⅲ，“胖子”查理）

圭多尼王朝

891—894 年　盖伊三世（Guy Ⅲ）

984—898 年　兰伯特二世（Lambert Ⅱ）

非王朝时代

896—899 年　阿努尔夫

901—905 年　路易三世

915—924 年　贝伦加尔（Berengar）

萨克森王朝

962—973 年　奥托一世

973—983 年　奥托二世

996—1002 年　奥托三世

1014—1024 年　亨利二世

法兰克尼亚王朝（萨利安王朝）

1027—1039 年　康拉德二世

1046—1056 年　亨利三世

1184—1105 年　亨利四世

1111—1125 年　亨利五世

非王朝时代

1133—1137 年　洛泰尔三世

霍亨斯陶芬王朝（非王朝时代）

1155—1190 年　腓特烈一世

1191—1197 年　亨利六世

1209—1215 年　奥托四世

1220—1250 年　腓特烈二世

拜占庭皇帝

马其顿王朝（867—1056）

867—886 年　巴西尔一世（Basil I the Macedonian）

886—912 年　利奥六世（Leo VI Wise）

912—913 年　亚历山大（Alexander）

913—959 年　“生于紫室者”君士坦丁七世（VII the Purple-born）

920—959 年　罗曼努斯一世（Romanus I Lecapenus，罗曼努斯·利卡潘努斯）

959—963 年　罗曼努斯二世（Romanus II

963—969 年　尼斯福鲁斯二世（Nicephorus II Phocas）

969—976 年　约翰一世（John I Tzimisces）

963—1025 年　“保加利亚屠夫”巴西尔二世

1025—1028 年　君士坦丁八世（Constantine VIII）

1028—1034 年　罗曼努斯三世（Romanus III）

1034—1041 年　米海尔四世（Michael IV）

1041—1042 年　米海尔五世（Michael V）

1042 年　佐伊女皇和狄奥多拉女皇（Zoë and Theodora）

1042—1055 年　君士坦丁九世

1055—1056 年　狄奥多拉（Theodora）

非王朝时代（1056—1059）

1056—1057 年　米海尔六世（Michael VI the Old）

1057—1059 年　伊萨克一世（Isaac Ⅰ Comnenus）

杜卡斯王朝（1059—1081）

1059—1067 年　君士坦丁十世（Constantine X）

1068—1071 年　罗曼努斯四世（Romanus Ⅳ Diogenes）

1071—1078 年　米海尔七世（Michael Ⅶ）

1078—1081 年　尼斯福鲁斯三世（Nicephorus Ⅲ）

科穆宁王朝（1081—1185）

1081—1118 年　阿历克塞一世（Alexius Ⅰ Comnenus）

1118—1143 年　约翰二世

1143—1180 年　曼努埃尔一世

1180—1183 年　阿历克塞一世

1183—1185 年　安德洛尼卡一世（Andronicus Ⅰ the Terrible）

安格鲁斯王朝（1185—1204）

1185—1195 年　伊萨克二世（Isaac Ⅱ）

1195—1203 年　阿历克塞三世（Alexius Ⅲ）

1203—1204 年　伊萨克二世和阿历克塞四世（Alexius Ⅳ）

非王朝时代

1204 年　阿历克塞五世（Alexius V the Bushy-eyebrowed）

此后统治者均为十字军（拉丁）皇帝，直至公元 1261 年。

教皇列表

List of Popes

（伪教皇用斜体标识）

1024—1032 年　约翰十九世（John XIX）

1032—1044 年　本笃九世（Benedict IX）

1045—1046 年　格里高利六世

1047—1048 年　本笃九世（复辟）

1048 年　达马苏斯二世（Damasus II）

1049—1054 年　利奥九世（Leo IX）

1055—1057 年　维克托二世

1057—1058 年　斯蒂芬九世（Stephen IX）

1058—1059 年　本笃十世（*Benedict X*）

1059—1061 年　尼古拉二世（Nicholas II）

1061—1073 年　亚历山大二世

1061—1072 年　何诺二世（*Honorius* II）

1073—1085 年　格里高利七世

1080—1100 年　克雷芒三世（*Clement III*）

1086—1087 年　维克托三世

1088—1099 年　乌尔班二世

1099—1118 年　帕斯加尔二世（Paschal II）

1100—1102 年　狄奥多里克（*Theodoric*）

1102 年　阿尔伯特（Albert）

1105 年　西尔维斯特四世（Sylvester IV）

1118—1119 年　格拉修二世（Gelasius II）

1119—1121 年　格里高利八世

1119—1124 年　卡利克斯特斯二世（Calixtus Ⅱ）
1124—1130 年　何诺二世
1124 年　雷定二世（*Celestine Ⅱ*）
1130—1143 年　英诺森二世
1130—1138 年　阿纳克莱图斯二世
1138 年　维克托四世
1143—1144 年　雷定二世
1145—1153 年　尤金三世（Eugene Ⅲ）
1153—1154 年　阿塔斯塔修斯四世（Anastasius Ⅳ）
1154—1159 年　阿德里安四世
1159—1181 年　亚历山大三世
1159—1164 年　维克托四世
1164—1168 年　帕斯加尔三世（*Paschal Ⅲ*）
1168—1178 年　卡利克斯特斯二世
1179—1180 年　英诺森三世
1181—1185 年　路爵三世（Lucius Ⅲ）
1185—1187 年　乌尔班三世
1187 年　格里高利八世
1187—1191 年　克雷芒三世
1191—1198 年　雷定三世
1198—1216 年　英诺森三世
1216—1227 年　何诺三世
1227—1241 年　格里高利九世
1241 年　雷定四世
1243—1254 年　英诺森四世
1254—1261 年　亚历山大四世

* 其中某些时期不止一人甚至不止二人同时自称教皇，不被承认为合法教皇的人均被称作伪教皇。

参考文献

主要来源

Alighieri, Dante. *The Divine Comedy*. Trans. John Ciardi. New York: NewAmerican Library, 2003.

Choniates, Nicetas. *O City of Byzantium: Annals of Niketas Choniates*.Trans. Harry J. Magoulias. Detroit: Wayne State University Press, 1984

Comnena, Anna.*The Alexiad*. Trans. E. R. A. Sewter. New York: PenguinBooks, 1969.

Falcandus, Hugo.*A History of the Tyrants of Sicily*. Trans. G. A. Loud andT. E. J. Wiedemann. Manchester: Manchester University Press, 1998.

Houts, Elisabeth van, ed. *The Normans in Europe*. Trans. Elisabeth vanHoutes. New York: Manchester University Press, 2000.

Jumièges, William of. *The Gesta Normannorum Ducum of William of Jumièges, Orderic Vitalis, and Robert of Torigni: Volume 1: Introduction and Books I- Ⅳ* . Trans. Elisabeth M. C. van Houts. London: Oxford MedievalTexts, 1992.

Jumièges, William of. *The Gesta Normannorum Ducum of William of Jumièges, Orderic Vitalis, and Robert of Torigni: Volume 2: Books V-Ⅷ .Trans*. Elisabeth M. C. van Houts. London: Oxford Medieval Texts, 1995.

Psellus, Michael. *Fourteen Byzantine Rulers*. Trans. E. R. A. Sewter. NewYork: Penguin Books, 1966.

Poitiers, William of. *The Gesta Guillelmi of William of Poitiers*. Trans. R. H.C. Davis and Marjorie Chibnall. London: Oxford Medieval Texts, 1998.

Savage, Anne, ed. *The Anglo-Saxon Chronicles*. Trans. Anne Savage. Wayne:BHB International Inc, 1997.

Vitalis, Ordericus. *The Ecclesiastical History of England and Normandy*.Trans. #omas Forester. Charleston: BiblioBazaar, 2009

现代作品

Barbera, Henry. *Medieval Sicily: The First Absolute State*. Brooklyn: Legas,2000.

Barlow, Frank.*Edward the Confessor*. London: Yale University Press, 1997.

Benjamin, Sandra. Sicily: Tree Tousand Years of Human History.Hanover: Steerforth Press, 2006.

Brown, Gordon S.*The Norman Conquest of Southern Italy and Sicily*.London: McFarland & Company, Inc., 2003.

Brown, R. Allen. *The Normans and the Norman Conquest*. Woodbridge: The Boydell Press, 1985.

Chibnall, Marjorie. *The Normans*. Malden: Blackwell Publishing, 2006.

Gibbon, Edward. *The Decline and Fall of the Roman Empire*. 7 vols. NewYork: Alfred A. Knopf, Inc., 1993.

Gravett, Christopher and David Nicolle. *The Normans: Warrior Knights and their Castles*. New York: Osprey Publishing Ltd., 2007.

Kreutz, Barbara M. *Before the Normans: Southern Italy in the Ninth & Tenth Centuries*. Philadelphia: University of Pennsylvania Press, 1991.

Neveux, François. *A Brief History of The Normans: The conquests that changed the face of Europe*. Trans. Howard Curtis. Philadelphia: RunningPress, 2008.

Norwich, John Julius.*The Normans In Sicily: The magni"cent story of 'the other Norman Conquest'*. New York: Penguin Books, 1970.

Runciman, Steven.*A History of the Crusades, Volume 1*. Cambridge:Cambridge University Press, 1951.